Dedico questo libro
a mia moglie Liliana e alle mie figlie
Angela e Paola

INDICE

PREFAZIONE 8

INTRODUZIONE 10

CAPITOLO I 12

LA NON OGGETTIVITA' DELL'OPINIONE
SCIENTIFICA ODIERNA

1. come viene data autorevolezza scientifica ai
   ricercatori: il processo di revisione tra pari (la peer
   review) 13

CAPITOLO II 18

RISCALDAMENTO GLOBALE ED ENERGIE
ALTERNATIVE

1. "climategate", il più grande scandalo scientifico della
   storia p...................19
2. scienza del clima e "consenso": come distinguere
   l'autorevolezza dal conflitto di interesse p.30
3. il riscaldamento globale non è causato dalla CO2.;
   cosi' afferma un autorevole studio p.39
4. il riscaldamento globale non è causato dagli esseri
   umani" afferma una sperimentazione con una rete
   neurale 42
5. riscaldamento climatico: qualcuno ci prende in giro!
  44

RISCALDAMENTO CLIMATICO E VERITA' SCIENTIFICHE

La "fake news" su CO2 killer dell'umanità, e veicoli elettrici che la salveranno.

E come la Politica influenza la Scienza

Achille De Tommaso

CAPITOLO III **53**

LE AUTO ELETTRICHE SALVERANNO IL MONDO?

1. I problemi delle auto elettriche, i pareri degli esperti..54
2. l'inquinamento delle auto elettriche: avremo aria pulita in cambio di acqua sporca? 68
3. le auto elettriche metteranno in ginocchio la rete elettrica? 75

CAPITOLO IV **84**

COME POLITICA E MEDIA INFLUENZANO SCIENZA E TECNOLOGIA

1. ci sono incendi di destra e incendi di sinistra?..86.
2. Techlash: i social media sono orientati a sinistra ..96
3. disturbi dei media: la apparente prossimità ideologica dei cittadini e dei giornalisti 101
4. i docenti universitari sono quasi tutti di sinistra?109.

CAPITOLO V..**115**

LA POLITICA CONTINUERA' AD INFLUENZARE LA SCIENZA E LA TECNOLOGIA?

1. ripensare il rapporto tra politica e scienza e tra cultura e tecnologia 117

RINGRAZIAMENTI

Desidero ringraziare gli editori di NEL FUTURO, che, nel corso degli anni, hanno pubblicato miei articoli da cui sono tratti alcuni paragrafi di questo libro.

https://www.amazon
.it/dp/B08QS691GW
(Anche in versione
Kindle)

https://www.amaz
on.it/dp/B08QDK3
DN8(anche   in
versione Kindle)

ED. DE VECCHI –
ESAURITO

https://www.amazon
.it/dp/B08P3P5MCQ
(anche   in   versione
Kindle)

ED. GANGEMI
- ESAURITO

ED-DEVECCHI   -
ESAURITO

ED.
DE VECCHI
ESAURITO

PREFAZIONE

La storia del tema del riscaldamento climatico è costellata da scandali scientifici, conflitti di interesse delle industrie ed ingerenze politiche nella scienza.

La scienza italiana si è spesso trovata invischiata in controversie politiche. Dopo l'unificazione del Paese nel 1861, negli ultimi due decenni dell'Ottocento e nel primo decennio del Novecento, gli scienziati italiani hanno partecipato attivamente ai dibattiti politici su come migliorare e integrare i frammenti della società, cultura, economia, salute e così via. Ma fin dall'inizio, hanno talvolta confuso le battaglie politiche con il loro status professionale e/o disaccordi scientifici.

I politici, gli intellettuali influenti, e i lobbisti, si oppongono spesso alla ricerca e all'innovazione per vari motivi, che approfondiremo in seguito: piuttosto che confrontarsi direttamente con le prove scientifiche, cercano di mantenere un alto grado di controllo politico sulla ricerca scientifica e sulle sue applicazioni. Di conseguenza, la validità delle prove scientifiche diventa talvolta facoltativa, e il suo uso arbitrario nelle discussioni pubbliche e politiche. Ma questo non è un fenomeno solo italiano.

Ad alimentare la voglia di diffondere informazioni catastrofiche e scientificamente non provate c'è la questione dei finanziamenti: oggi qualsiasi iniziativa, studio o ricerca che abbia come tema il Global Warming ottiene facilmente risorse finanziarie, mentre ricerche che attirano di meno i capitali, come la fame nel mondo, più utili all'umanità, sono trascurate.

E i media ?

Dato l'enorme potere dei media di stabilire l'ordine del giorno per la discussione pubblica, le prospettive ideologiche, politiche e partitiche di coloro che possiedono i mezzi di comunicazione hanno una notevole importanza per la natura della democrazia e della politica pubblica anche per il tema dei cambiamenti climatici. La capacità, poi, dei media di influenzare potentemente la nostra conversazione nazionale suggerisce, oggi, anche profonde implicazioni dei "social media", soprattutto nel coinvolgimento su "fake news" che riguardano il riscaldamento globale.

INTRODUZIONE

CIRCA LA QUESTIONE CLIMATICA: SE NON STIAMO AGENDO NON È A CAUSA DI UNA MANCANZA DI CONOSCENZA, MA A CAUSA DELL'ASSENZA DI MODI PER FAR SÌ CHE TALE CONOSCENZA VENGA ASSORBITA, INCORPORATA, ACCETTATA, REALIZZATA E METABOLIZZATA DALLA MAGGIOR PARTE DEI CITTADINI

(BRUNO LATOUR)

I campi della comunicazione politica in generale, e degli effetti mediatici in particolare sono ampi, profondi, metodologicamente sofisticati e centrali per le scienze e le tecnologie.

Essi coprono la persuasione, la definizione dell'agenda politica, la formazione degli atteggiamenti del pubblico verso il privato, la diffusione dell'opinione pubblica, il controllo delle informazioni, la definizione dei problemi che emergono; e numerosi altri argomenti.

Un buon esempio di come media e politica possano pilotare scienza e tecnologia è dato dalla questione climatica: "Il riscaldamento è causato dalla CO_2? E l'aumento della CO_2 è causato dall'uomo? Non c'è consenso; e talvolta il consenso è sospetto.

In particolare, a proposito dei media, illustrerò in questo libro la diffusa focalizzazione politica degli stessi; che li fa tendere, spesso, a dire la verità, ma non necessariamente tutta quella che sarebbe proponibile.

I temi tecnico-scientifici sono sempre ripresi, magari giustamente, da politica e media; consideriamo però che essi sono in grado di formare e forzare una forte opinione pubblica e di pilotare, quindi, l'agenda politica. C'è quindi una grande responsabi9lità di politica e media verso la scienza: i concetti scientifici devono essere supportati e comunicati con obbiettività scientifica; riportando tutti i pareri enunciati con rigore, anche se sono contro le proprie ideologie politiche o contro la propria linea editoriale.

E' utile, prima di approfondire questi argomenti, che io illustri, con il paragrafo iniziale, il processo di validazione scientifica che avviene per mezzo di pubblicazioni specializzate; che adottano la "revisione tra pari" (peer review). Esso prevede la condivisione dei lavori scientifici tra autorevoli colleghi. Questo metodo di validazione dei lavori scientifici, oggi, in un'epoca di alta complessità dei temi trattati, è considerato il metodo più adatto per la ricerca di una verità scientifica; e per dare autorevolezza ai lavori conseguenti. E per ottenere finanziamenti. Con il problema che, essendo però questo processo gestito da esseri umani, come vedremo, non è esente da errori, e, al limite, da manipolazioni.

CAPITOLO I

LA NON OGGETTIVITA' DELL'OPINIONE SCIENTIFICA ODIERNA

QUALSIASI INFORMAZIONE TECNICO-SCIENTIFICA RELATIVA ALLE CONDIZIONI FUTURE DEI SISTEMI NATURALI E SOCIALI PRESENTA INCERTEZZE DI CUI I CITTADINI DOVREBBERO ESSERE CONSAPEVOLI. ALCUNE DELLE PRINCIPALI FONTI DI INCERTEZZA (AD ESEMPIO) RELATIVE AGLI IMPATTI DEI CAMBIAMENTI CLIMATICI E ALL'ADATTAMENTO INCLUDONO (EEA 2017):

a. *Errori di misurazione derivanti da strumenti di osservazione imperfetti*

b. *Errori di aggregazione derivanti da una copertura di dati temporali e/o spaziali incompleta;*

c. *Variabilità naturale risultante da processi naturali imprevedibili*

d. *Limitazioni del modello derivanti dalla risoluzione limitata dei modelli, una comprensione incompleta dei singoli componenti del sistema Terra. una comprensione incompleta del sistema ambientale o sociale in esame .*

e. *Lo sviluppo futuro di fattori socioeconomici, demografici, tecnologici e ambientali.*

f. *I futuri cambiamenti nelle preferenze sociali e nelle priorità.*

1.COME VIENE DATA AUTOREVOLEZZA SCIENTIFICA AI RICERCATORI: IL PROCESSO DI REVISIONE TRA PARI (LA PEER REVIEW)

La scienza odierna valida le proprie teorie a mezzo di processi di "condivisione". In un successivo paragrafo ("Scienza del clima e consenso", Cap.II-para 2.) approfondirò meglio alcune conseguenze negative dei processi di "condivisione" nella Scienza. In questo paragrafo illustro, invece, in maniera puramente tecnica, un esempio di questi processi. Desidero comunque, qui, introdurre però il concetto di un doveroso pensiero di sorpresa di fronte a una "Scienza che si esprime per condivisioni". Parrebbe infatti, in linea di principio, che questo processo rappresenti un certo rinunciare, da parte della Scienza, ad esprimere dati oggettivi. Quasi una ricerca da parte dello scienziato, di chiedere conferma di essere nel giusto. Come a voler dire:" siamo in tanti a pensarla così, quindi questa mia opinione deve essere vera". Siamo consci che, Galilei, quando osò condividere le sue opinioni con la comunità scientifica dell'epoca fu minacciato di morte se non avesse abiurato: eppure, nonostante le critiche possibili, il processo di condivisione è comunque considerato il più valido e rigoroso per la validazione di teorie scientifiche.

Oggi è proprio così: i processi di comunicazione e approvazione di dati sperimentali, o opinioni scientifiche, per poter essere considerati autorevoli, sono di norma pubblicati su riviste scientifiche; e, prima di essere pubblicati, devono essere sottoposti ad un processo di critica accurata, che coinvolge parte (e spesso gran parte) della comunità scientifica interessata. Ovviamente ci sono dei vantaggi nell'uso di questo processo.

Questo processo viene comunemente denominato PEER REVIEW; tradotto in italiano in REVISIONE TRA PARI.

In seguito, nel para. 2. del Cap.II, mi soffermerò a valutare alcuni aspetti di questo processo di revisione; considerando come, talvolta, esso possa essere manipolato per scopi non puramente scientifici.

Qui di seguito, illustro sommariamente le fasi di un esempio di questo processo, per mostrare quanto complesso esso sia; e suggestivo di affidabilità, vista la rigorosità con cui, in linea di principio, viene applicato. Peccato che sia gestito da esseri umani, che, come sappiamo, non sono indenni da "imperfezioni".

Il processo di una rivista scientifica che ho preso in esame si suddivide in varie fasi:

Presentazione del manoscritto originale e incarico di redazione

I manoscritti originali sono inviati elettronicamente e assegnati a un coeditore che copre le aree tematiche pertinenti della rivista scientifica.

Revisione dell'accesso

Al coeditore viene chiesto di valutare se il manoscritto rientri nell'ambito di applicazione della rivista e se soddisfi una qualità scientifica di base. Se necessario, i coeditori possono chiedere supporto ad arbitri indipendenti di loro scelta.

Possono suggerire anche correzioni tecniche (errori di battitura, chiarimento dei dati, grafici ecc.). Ulteriori richieste di revisione dei contenuti scientifici non sono consentite in questa fase del processo di revisione, ma verranno ad essere espresse nella discussione interattiva che segue.

Correzioni tecniche

Gli autori hanno l'opportunità di eseguire correzioni tecniche, che possono essere riviste dal coeditore per verificare le correzioni richieste e prevenire ulteriori revisioni, che non sono consentite in questa fase.

Discussione aperta (8 settimane circa). E' il cuore del processo.

Dopo l'accettazione del manoscritto per la revisione pubblica tra pari, esso appare come documento di discussione. La fase di discussione rappresenta un'opportunità unica per tutti gli interessati, per impegnarsi in un processo riflessivo iterativo e di sviluppo dei concetti esposti. Durante questa fase, commenti interattivi vengono esposti e pubblicati da arbitri designati e da tutti i membri interessati della comunità scientifica. Tutti i partecipanti sono incoraggiati a stimolare ulteriori opinioni, o, semplicemente, a difendere la propria posizione. Questo processo di ottimizzazione viene offerto per massimizzare l'impatto dell'articolo. Normalmente, ogni documento di discussione riceve almeno due commenti di arbitri. Gli autori sono invitati a svolgere un ruolo attivo nel dibattito, pubblicando i loro commenti come risposta ai commenti degli arbitri e a quelli della comunità scientifica; in maniera rapida, al fine di stimolare ulteriori discussioni da parte degli scienziati interessati.

Risposta finale

Dopo la discussione aperta, gli autori dovrebbero pubblicare una risposta a tutti i commenti entro circa 4 settimane; nel caso in cui non lo abbiano fatto durante la discussione aperta. Il co-editore può anche pubblicare ulteriori suoi commenti o raccomandazioni. Normalmente, tuttavia, le raccomandazioni e le decisioni editoriali formali devono essere prese solo dopo che gli autori hanno avuto l'opportunità di rispondere a tutti i commenti; se ne hanno bisogno, possono richiedere una consulenza editoriale prima di rispondere.

Presentazione del manoscritto revisionato

La presentazione di un manoscritto revisionato secondo il processo illustrato, è prevista solo se gli autori hanno affrontato in modo soddisfacente tutti i commenti e se il manoscritto rivisto soddisfa gli standard di qualità della rivista. In caso di dubbio, gli autori devono consultare il coeditore (se ad esempio nutrono dubbi circa la presentazione del manoscritto revisionato).

Completamento della revisione tra pari

Dopo la revisione tra pari e la discussione pubblica interattiva, l'editore può ancora accettare o rifiutare la pubblicazione del manoscritto revisionato; allo scopo può di nuovo consultare gli arbitri: come durante il completamento del processo di revisione tra pari. Se necessario, possono essere richieste ulteriori revisioni fino al raggiungimento di una decisione finale in merito all'accettazione, o al rifiuto.

Pubblicazione del documento finale rivisto

In caso di accettazione, il documento finale viene

pubblicato in maniera cartacea e/o sul sito web della rivista. Assieme al manoscritto vengono inoltre pubblicati tutti i rapporti e commenti degli arbitri e dei coeditori, le risposte degli autori, nonché le diverse versioni manoscritte del completamento della revisione tra pari. Tutte le pubblicazioni (documento di discussione, commenti interattivi, documento finale rivisto) sono archiviate in modo permanente e rimangono accessibili al pubblico via Internet; e anche i documenti finali revisionati sono disponibili come copie stampate oppure elettroniche.

Anche dopo la pubblicazione é incoraggiata la presentazione di commenti e risposte che continuino la discussione dell'articolo; anche oltre i limiti della discussione interattiva, che ha portato alla pubblicazione. Tali commenti sono essi stessi sottoposti a peer review e pubblicazione, con lo stesso processo sopra descritto: dopo la pubblicazione dell'articolo, possono anche essere essi stessi pubblicati se sufficientemente sostanziali.

Se un manoscritto non è accettato per la pubblicazione, gli autori hanno poi diverse opzioni per ricorrere contro la decisione.

E' da notarsi che, assieme al testo dell'autore, in genere, vengono anche pubblicati i commenti di autori, arbitri, coeditore e comunità scientifica.

Tutti i commenti sono citabili, impaginati e archiviati.

Vi ho mostrato un esempio di panoramica su come la comunità scientifica attribuisce di norma autorevolezza agli scienziati. E sulla base di questa autorevolezza, si concedono finanziamenti, cattedre, posizioni di vertice in aziende pubbliche, e così via.

CAPITOLO II

RISCALDAMENTO GLOBALE ED ENERGIE ALTERNATIVE

Un grande numero di scienziati ritiene che il cambiamento climatico sia guidato quasi interamente dall'aumento di anidride carbonica e da altre emissioni prodotte dall'uomo nell'atmosfera. Un grande numero, ma non tutti: nel marzo 2018 il capo della US Environmental Protection Agency (EPA) affermò che l'anidride carbonica non è la causa principale del cambiamento climatico; e che c'è comunque grande disaccordo sulla questione, in quanto la misurazione dell'impatto umano sul clima é "molto impegnativa". Molti altri scienziati, sulla base di ricerche condotte con rigoroso metodo scientifico, affermano che il riscaldamento climatico non è di "natura antropogenica" e non è causato dalla CO2. Illustro in questo capitolo due di queste ricerche. Il tema è stato, ed è, anche politicamente combattuto e ha dato luogo ad un famoso scandalo.

In "epoca Covid", mentre i paesi cercano di contenere la diffusione virale limitando i viaggi e l'interazione sociale, le città hanno registrato minimi storici nei livelli di inquinamento atmosferico e i ricercatori stanno segnalando il calo più netto delle emissioni di gas serra dall'inizio delle registrazioni. In paesi europei come Regno Unito, Spagna e Italia, dove restano chiusi uffici, fabbriche, bar, ristoranti e teatri, il consumo di energia è diminuito in media del 10%. Questo fattore farà rivedere molte delle strategie sulla produzione di energia.

1."CLIMATEGATE", IL PIÙ GRANDE SCANDALO SCIENTIFICO DELLA STORIA

Come introduzione a questo capitolo, racconto, in questo paragrafo, la storia di quello che è considerato il più grande scandalo scientifico della storia. Le email trapelate nel 2009 da uno dei più importanti centri di ricerca sul clima, crearono infatti un enorme scandalo, relativo a presunta manipolazioni di dati. Che fosse un imbroglio scientifico non è tuttora chiarissimo; sta di fatto che la natura antropica del riscaldamento climatico, anche se oggi è scientificamente molto contestata, forma tuttora la base dei movimenti politico-sociali che combattono la CO2.

Climategate è la denominazione assegnata dai media alla controversia sulle e-mail della Climate Research Unit (CRU) ed è iniziata nel novembre 2009 con la pubblicazione "illegale" di documenti della CRU che erano presso l'Università dell'Anglia Orientale in Inghilterra, e si riferisce a presunte manipolazioni di dati commesse dai alcuni ricercatori per attribuire un maggior peso alle attività umane negli attuali cambiamenti climatici.

Fu un grande scandalo: a metà 2009, una settimana dopo che il giornalista James Delingpole , del Telegraph , aveva coniato il termine "Climategate" per descrivere lo scandalo, Google mostrava che la parola appariva su Internet più di nove milioni di volte.

Vi riferisco l'articolo dell'epoca del "The Telegraph".

"In tutto questo ammasso di copertura elettronica, si è perso il concetto che gli autori dello scandalo non sono un vecchio gruppo di accademici di secondo piano; ma si tratta di un discreto numero di scienziati che sono stati e sono i più influenti nel guidare l'allarme mondiale sul riscaldamento globale, attraverso il CRU, e nel Gruppo Intergovernativo, delle Nazioni Unite, di esperti sui Cambiamenti Climatici (IPCC)".

Il professor Philip Jones, direttore della CRU, era responsabile delle due serie di dati chiave utilizzate dall'IPCC per redigere i suoi rapporti; le sue registrazioni di temperature globali venivano ad essere il più importante dei quattro insiemi di dati di temperature riguardanti le previsioni che il mondo si scalderà a livelli catastrofici, a causa della CO2 generata dall'uomo, a meno che non vengano spesi trilioni di dollari per evitarlo.

Il dottor Jones era anche una parte chiave del gruppo di scienziati americani e britannici responsabili della promozione di quell'immagine delle temperature trasmessa dal grafico definito "bastone da hockey" (v. figura sotto) di Michael Mann che 10 anni fa cercava di dimostrare che, dopo 1.000 anni di declino, le temperature globali hanno recentemente raggiunto il livello più alto nella storia registrata.

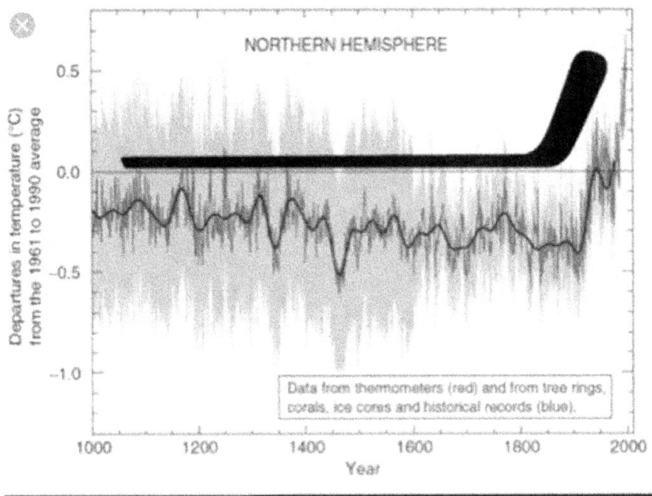

Considerando l'importanza rivestita da questo grafico per l'IPCC non da ultimo per il modo in cui sembrava eliminare il Periodo Caldo Medievale, da lungo tempo accettato dagli scienziati, quando le temperature erano più alte di oggi; (v. anche RIFERIMENTO 1.) tale grafico è diventato l'icona centrale dell'intero movimento del riscaldamento globale creato dall'uomo.

Già nel 2003 i metodi statistici utilizzati per creare il "bastone da hockey" erano stati ritenuti completamente imperfetti da un esperto statistico, il canadese Steve McIntyre , e una battaglia molto accesa è già in corso tra i sostenitori di Mann, che sono definiti "la squadra di hockey", e McIntyre, che è coadiuvato da un folto gruppo di scienziati, i quali alla fine hanno messo in discussione l'intera base statistica su cui IPCC e CRU fondano il loro caso climatologico.

(Alcune critiche sono elencate nel libro di cui la figura sottostante, che allude anche a possibile "corruzione" della scienza)

Ci sono tre filoni logici nei documenti trapelati, che hanno creato lo scandalo.

Il primo è il più ovvio: è la serie di email che mostrano come il dottor Jones e i suoi colleghi abbiano discusso per anni di subdole tattiche in base alle quali avrebbero voluto evitare di divulgare i propri dati a soggetti esterni; e quindi bypassare le leggi sulla libertà di informazione. Queste persone hanno avanzato infatti tutte le possibili scuse per nascondere i dati di base su cui erano fondati i loro risultati. Questo fatto, che di per sé è già un grande scandalo, era aggravato dal rifiuto del dott. Jones di rilasciare i dati di base; rifiuto culminato poi con la sua sconcertante affermazione che gran parte dei dati è semplicemente "andata persa". Ma le cose più incriminanti di tutte sono le e-mail in cui agli scienziati del gruppo veniva consigliato di eliminare grandi blocchi di dati. E la domanda che inevitabilmente nasce da questo rifiuto sistematico di rilasciare informazioni è: che cosa sono questi scienziati così ansiosi di nascondere? Una verità scomoda per le loro teorie ?

Infatti il secondo filone di scandalo è il modo in cui gli scienziati hanno cercato di manipolare i dati attraverso tortuosi programmi di computer, puntando sempre nella sola direzione desiderata: abbassare le temperature passate e "regolare" le temperature recenti verso l'alto, per trasmettere l'impressione di un riscaldamento accelerato. (V. GRAFICI IN RIFERIMENTO 1). Questo fatto accade talmente spesso nelle varie relazioni presentate, che diventa il singolo elemento più inquietante dell'intera storia.

Vi sono poi anche due importanti esempi: in Australia e in Nuova Zelanda. In ciascuno di questi paesi è stato possibile per gli scienziati locali confrontare le registrazioni IPCC /CRU di temperature con i dati originali locali su cui si supponeva fosse basato. In entrambi i casi è chiaro che è stato giocato lo stesso trucco: trasformare un grafico di temperatura essenzialmente piatto in un grafico che mostra come le temperature aumentino costantemente.

La terza rivelazione scioccante di questi documenti è il modo spietato in cui questi accademici si accanirono per mettere a tacere qualsiasi interrogazione di esperti circa i risultati a cui sono arrivati con metodi così discutibili; non solo rifiutando di divulgare i loro dati di base, ma screditando qualsiasi rivista scientifica che osasse pubblicare il lavoro dei loro critici. Appare chiaro che non fossero disposti a fermarsi davanti a nulla per soffocare il dibattito scientifico, assicurandosi che nessuna ricerca dissenziente potesse trovare posto nelle pagine dei rapporti IPCC.

Già nel 2006, l'eminente statistico statunitense Professor Edward Wegman pubblicò un rapporto di esperti per il Congresso degli Stati Uniti, che supportava la demolizione del "bastone da hockey" da parte di Steve McIntyre: egli denunciò il modo in cui questo "gruppo affiatato" di accademici sembrava fin troppo attivo nel collaborare per "rivedere tra di loro" i documenti di altri, al fine di dominare i risultati dei rapporti dell'IPCC sulla climatologia, eludendo qualsiasi genuino dibattito scientifico. Uno stimato scienziato del clima statunitense, il dott. Eduardo Zorita, chiese addirittura che il dott. Mann e il dott. Jones fossero radiati da qualsiasi ulteriore partecipazione all'IPCC."

Tutto chiaro? I documenti del Climategate fecero accettare il fatto che fosse stato commesso un complotto scientifico? No, gli scienziati dell'IPCC furono più o meno assolti dalla comunità scientifica; dico "più o meno" perché la maggior parte delle motivazioni di assoluzione fu un "…sì….ma…". Sicuramente sono stati assolti da ipotesi criminose, ma la validità delle loro ipotesi scientifiche è ancora, come sappiamo, in discussione.

Verifichiamo queste ipotesi.

Vi invito innanzitutto a considerare alcune affermazioni scientifiche che confutano la teoria della CO2 COME FORZANTE ANTROPOGENICA DEL RISCALDAMENTO CLIMATICO:

NATURE (2010): "La triste verità della scienza del clima è che l'informazione più cruciale è la meno affidabile. Per pianificare il futuro, gli scienziati devono sapere come cambieranno le condizioni locali, non come aumenterà la temperatura media globale. I ricercatori stanno ancora lottando per sviluppare strumenti per prevedere accuratamente i cambiamenti climatici per il ventunesimo secolo a livello locale e regionale". https://www.nature.com/news/2010/100120/full/463284a.html

THE TELEGRAPH (2019): "...Molti esperti sostengono OGGI che l'anidride carbonica è solo un attore minore dell'effetto di serra. Le carotature di ghiaccio provenienti dall'Antartide mostrano che alla fine delle recenti ere glaciali, la concentrazione di anidride carbonica nell'atmosfera ha cominciato ad aumentare solo dopo che le temperature hanno iniziato a salire. Il dott. Willie Soon, un astrofisico solare presso il Centro di astrofisica di Harvard-Smithsonian , ha dimostrato che all'aumentare del vapore acqueo aumenta anche la temperatura del suolo; e dichiara: "Alcuni scienziati affermano che se cambiamo il valore di anidride carbonica nell'atmosfera cambieremo l'intero sistema climatologico; ma in realtà questa affermazione è ridicola. La correlazione non equivale alla causalità. La CO2 non è potente in questo senso, l'unica cosa che fa nel sistema terrestre è rendere il pianeta più verde. L'anidride carbonica ha un ruolo secondario nell'effetto serra   totale.   "
"https://www.telegraph.co.uk/science/2019/10/15/climate-change-fake-news-global-threat-science/

AMERICAN PHYSICAL SOCIETY (2018): Le relazioni tra la concentrazione atmosferica dei gas serra e i loro effetti radianti sono ben quantificate. Ma il forzante antropogenico totale è incerto, soprattutto perché l'entità del forzamento negativo associato agli aerosol di solfato non è chiara. Vi sono ancora incertezze significative nel passaggio dalle emissioni di gas a effetto serra, in particolare quelle dell'anidride carbonica, alle concentrazioni atmosferiche. Tuttavia, la maggiore difficoltà sta nel relazionare i cambiamenti della concentrazione dei gas serra ai cambiamenti climatici.https://www.aps.org/policy/reports/popa-reports/energy/climate.cfm

RESEARCHGATE (2017): Poiché questi risultati sono stati prodotti da un rigoroso tentativo di descrivere le

temperature planetarie nel contesto di un continuum cosmico, usando un'analisi obiettiva delle osservazioni verificate nell'intero Sistema Solare, tali risultanze richiedono un cambio di paradigma nella nostra comprensione dell'effetto serra atmosferico come fondamentale proprietà del clima. La cosiddetta "radiazione posteriore della serra" è infatti accertato che sia globalmente un risultato dell'effetto termico atmosferico piuttosto che una causa di ciò. Il nostro modello empirico ha anche implicazioni fondamentali per il ruolo degli oceani, del vapore acqueo e dell'albedo planetario nel clima globale.
https://www.researchgate.net/publication/317570648_New_ Insights_on_the_Physical_Nature_of_the_Atmospheric_Gre enhouse_Effect_Deduced_from_an_Empirical_Planetary_Te mperature_Model#targetText=New%20Insights%20on%20t he%20Physical%20Nature%20of%20the%20Atmospheric%2 0Greenhouse,an%20Empirical%20Planetary%20Temperature %20Model&targetText=A%20recent%20study%20has%20re vealed,for%20the%20past%2040%20years.

Tante incertezze, quindi, e (a mio parere) una sola certezza: che il problema climatico sia per il 15% scientifico, e per l'85% politico. Nel frattempo, a partire dal protocollo di Kyoto, si organizzano comunque riunioni internazionali e manifestazioni per combattere la CO2.

Terminerò quindi con una affermazione della APS (American Physical Society): "Il grado in cui il clima cambierà in futuro è ancora incerto. Tuttavia il cambiamento climatico può portare a danni significativi ai sistemi umani e naturali. Anche le stime del costo della riduzione delle emissioni di gas serra sono però incerte e al momento non è possibile un calcolo definitivo del rapporto costi-benefici che paragoni i danni causati dai cambiamenti climatici ai costi di mitigazione".

RIFERIMENTI

La figura a sinistra mostra un confronto di rilevazioni; con, in rosso, l'elevato valore di temperature nel medioevo, ignorato dal "bastone di Hockey"; il quale si avvale, nella figura a destra, di "aree di incertezza" (in azzurro) per ricavare, arbitrariamente, un andamento piatto, o addirittura declinante, prima dell'impennata.? (grafici di Wikipedia).

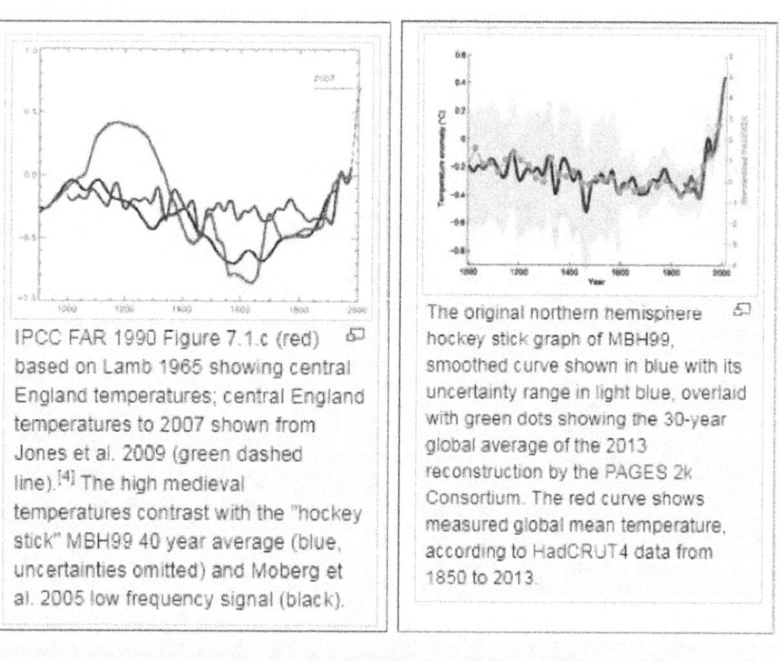

IPCC FAR 1990 Figure 7.1.c (red) based on Lamb 1965 showing central England temperatures; central England temperatures to 2007 shown from Jones et al. 2009 (green dashed line).[4] The high medieval temperatures contrast with the "hockey stick" MBH99 40 year average (blue, uncertainties omitted) and Moberg et al. 2005 low frequency signal (black).

The original northern hemisphere hockey stick graph of MBH99, smoothed curve shown in blue with its uncertainty range in light blue, overlaid with green dots showing the 30-year global average of the 2013 reconstruction by the PAGES 2k Consortium. The red curve shows measured global mean temperature, according to HadCRUT4 data from 1850 to 2013.

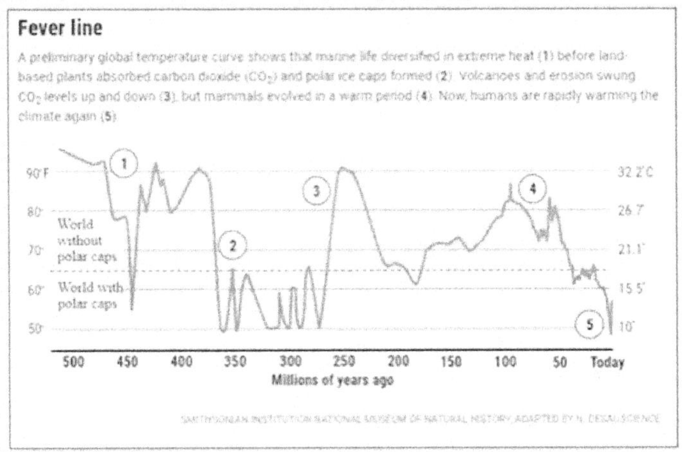

Il rilevamento della temperatura degli ultimi 500 milioni di anni mostra una sua sensibile diminuzione al momento attuale

2.SCIENZA DEL CLIMA E "CONSENSO": COME DISTINGUERE L'AUTOREVOLEZZA DAL CONFLITTO DI INTERESSE .

Nell'aprile 2017 fu inaugurata, a Washington D.C., la prima "Marcia per la Scienza"; fatto strano, perché generalmente le marce sono tenute per difendere qualcosa che è in pericolo. Pensate davvero che la Vera Scienza sia in pericolo? Il solo fatto, però, che la Marcia fosse programmata in occasione della Giornata della Terra, tradì a quel tempo in cosa consistesse realmente l'evento: la politica. Gli organizzatori lo ammisero molto presto, anche se poi si impegnarono a cercare di coprire l'evento.

Se il passato introduce il presente, dovevamo aspettarci l'attuale consenso politico sul catastrofico cambiamento climatico: lo scopo di questo consenso è far tacere i tanti scienziati che sono scettici.

Poiché la politica ama talvolta mascherarsi da scienza, e non possiamo essere tutti climatologi, abbiamo quindi bisogno di modi per distinguere l'una dall'altra.

"Consenso" significa non solo "accordo generale" ma anche "solidarietà di gruppo in un sentimento e in una convinzione". E qui nasce il problema. Questo consenso sulle teorie catastrofiche si basa su solide prove scientifiche, o semplicemente sulla pressione sociale e sul pensiero di gruppo?

Chiunque abbia studiato la storia della scienza sa che gli scienziati sono inclini agli istinti di gregge. Sappiamo infatti che molte idee scientifiche false un tempo godevano di consenso. Ovviamente non dobbiamo dimenticare l'altro lato della medaglia. Ci sono infatti anche i teorici della cospirazione: non importa quanto sia fondato un consenso scientifico, c'è sempre qualcuno che pensa che sia tutta una menzogna, fondata magari su interessi economici.

Quindi, come possiamo distinguere tra genuina autorevolezza e "saggezza indotta da interessi non scientifici"? E come possiamo reagire al legittimo scetticismo? Dobbiamo fidarci di tutto ciò che ci viene raccontato come basato su un consenso politico-scientifico, a meno di non essere in grado di studiare noi stessi l'argomento scientificamente? Quando si può dubitare di un consenso? Quando dobbiamo dubitarne?

Non ci sono elenchi completi di segni di sospetto che il consenso nasconda errori od omissioni. Cerco di elencarne alcuni: uno solo di questi segni potrebbe essere sufficiente a farci riflettere. Se si accumulano, allora è saggio essere diffidenti.

Quando diverse affermazioni vengono raggruppate insieme

Di solito, nelle controversie scientifiche, c'è più di una affermazione in questione. Con il riscaldamento globale, si afferma che il nostro pianeta, in media, si stia riscaldando. C'è anche la pretesa che noi ne siamo la causa principale, che la CO2 generata da noi ne è la causa principale, che il futuro sarà catastrofico e che dobbiamo trasformare la nostra civiltà per affrontarla. Queste sono tutte affermazioni diverse basate su prove diverse.

Le prove del riscaldamento, ad esempio, non sono prove della causa di quel riscaldamento. Anche se tutti gli orsi polari annegassero, i ghiacciai si sciogliessero, e Terranova diventasse un luogo per abbronzarsi, questi fatti non ci direbbero nulla di ciò che ha causato il riscaldamento.

Ora, c'è molto più accordo su una modesta tendenza al riscaldamento dal 1850 circa in poi, rispetto alla causa di quella tendenza. C'è ancora meno accordo sui pericoli di quella tendenza e su cosa fare al riguardo. Ma queste quattro affermazioni sono spesso raggruppate insieme. Ma, se ne dubiti, sei etichettato come "scettico" o "negazionista". Quindi, quando affermazioni ben consolidate sono legate ad affermazioni più controverse e l'intero pacchetto è etichettato come "consenso", c'è motivo di dubitarne.

Quando dominano gli attacchi ad personam contro i dissidenti

Gli attacchi personali sono comuni in qualsiasi controversia. Quando si tratta di cambiamenti climatici, gli attacchi ad personam sono all'ordine del giorno. La famigerata etichetta di "negazionista" è un esempio. E questa etichetta dovrebbe richiamare alla mente l'affermazione dell'editorialista (e premio Pulitzer) Ellen Goodman: "Secondo me siamo a un punto in cui è impossibile negare il riscaldamento globale. Possiamo dire che i negazionisti del riscaldamento globale sono ora da considerarsi alla pari dei negazionisti dell'Olocausto. "

C'è un vecchio proverbio legale: *se hai i fatti dalla tua parte, argomenta i fatti. Se hai la legge dalla tua parte, discuti la legge. Se non hai nessuno dei due, attacca il testimone.* Quando i sostenitori di un consenso scientifico conducono a un attacco al testimone, piuttosto che agli argomenti e alle prove, si deve essere sospettosi.

Quando gli scienziati sono spinti ad adeguarsi dalla linea del partito e dagli interessi personali.

Le promozioni sul lavoro, i contributi pubblici, i riconoscimenti dei media, la rispettabilità sociale, e la vanità possono influenzare i sentimenti scientifici. La famosa vicenda di Lysenko (3) nell'ex Unione Sovietica è un esempio della politica che violenta la buona scienza. Alexis de Tocqueville lo avvertì quasi due secoli fa. "Il potere della maggioranza nella società americana, scrisse, potrebbe erigere formidabili barriere intorno alla libertà di opinione; all'interno di queste barriere un autore può scrivere ciò che gli piace, ma guai a lui se le supera". Avrebbe potuto scrivere la stessa cosa sulla scienza del clima.

In effetti, il modo più rapido, oggi, per gli scienziati di mettere a repentaglio la propria carriera è quello di sollevare domande anche modeste sulle catastrofi climatiche. Gli scienziati sono infatti sotto pressione per sintonizzarsi sulla linea di partito circa i cambiamenti climatici e ricevere magari benefici (ad esempio investimenti) per farlo.

Un esempio eclatante di manipolazione della verità del riscaldamento climatico è dato dallo Scandalo Climategate (1) del 2009; riportato anche al paragrafo precedente di questo libro, e che riassumo brevemente. Lo scandalo riguarda il gruppo di scienziati più influenti nel guidare l'allarme mondiale sul riscaldamento globale, attraverso il ruolo che svolgevano nelle Nazioni Unite per l'IPCC, (Intergovernmental Panel on Climate Change). Il Professor Philip Jones era il responsabile della serie di dati utilizzati dall'IPCC per redigere i suoi rapporti catastrofici sul clima. Ebbene, a parte il fatto che i metodi statistici da lui usati furono definiti imperfetti dall'esperto canadese di statistica Steve Mcintyre, il vero scandalo fu nella serie di email trapelate che mostrarono come il prof Jones e i suoi colleghi avessero discusso per anni di modalità per mistificare e nascondere i dati su cui si basavano i loro allarmi sul clima.

"Con un solo obbiettivo: abbassare le temperature del passato e regolare verso l'alto quelle recenti. Per trasmettere l'impressione di riscaldamento accelerato". E quando fu chiesta ragione a Jones dei suoi risultati, egli dichiarò che "gran parte dei dati era andata perduta".

Quando la pubblicazione e la revisione secondo la "peer review" della disciplina in esame è fatta sempre dalle stesse, poche, persone.

Sebbene abbia i suoi limiti, il processo di revisione tra pari (peer review) ha lo scopo di fornire opinioni e controlli. Nella peggiore delle ipotesi, aiuta comunque ad eliminare il lavoro di bassa qualità e fuorviante, e rende la ricerca scientifica più obbiettiva. Ma quando sono sempre le stesse, e poche persone, che si rivedono e si approvano a vicenda il lavoro, allora si possono verificare conflitti di interesse. E ciò indebolisce il caso del presunto consenso, e diventa, invece, un altro motivo di dubbio.

Quando i dissidenti sono esclusi dalle riviste scientifiche sottoposte a peer review non a causa di prove deboli o argomentazioni negative, ma a scopo di emarginazione.

Oltre alla mera invidia scientifica, il processo di "peer review" nella scienza del clima è stato, in alcuni casi, sovvertito per impedire la pubblicazione da parte di dissidenti. La débâcle del "Climategate" di cui sopra è un ottimo esempio. Le teorie sul cambiamento climatico sono diventate un dogma politico in cui non è ammesso il dissenso; e i critici del pensiero unico ambientalista vengono allontanati dalle università (2). E di nuovo, questo dà al pubblico laico un motivo per dubitare del consenso.

Quando il consenso viene dichiarato prima ancora che esso veramente esista

Un consenso scientifico ben radicato ha bisogno di tempo per crescere. Gli scienziati devono fare ricerche, pubblicare articoli, leggere altre ricerche e ripetere esperimenti (ove possibile). Devono rivelare i loro dati e metodi, tenere dibattiti aperti, valutare argomenti, esaminare le tendenze e così via, prima di poter raggiungere un accordo. Quando gli scienziati si affrettano a dichiarare un consenso; quando sostengono un consenso che deve ancora formarsi; allora questo dovrebbe far riflettere.

Nel 1992, l'ex vicepresidente Al Gore rassicurò i suoi ascoltatori: "Solo una frazione insignificante di scienziati nega la crisi del riscaldamento globale. Il tempo per il dibattito è finito. La scienza è consolidata". Nel 1992, in realtà, Gallup riferì che il 53% degli scienziati coinvolti attivamente nella ricerca sul clima globale non credeva che si stesse verificando un riscaldamento globale; il 30% non era sicuro; e solo il 17% riteneva che il riscaldamento globale fosse iniziato. Perfino un sondaggio di Greenpeace mostrò che il 47% dei climatologi non pensava che un effetto serra fosse imminente; solo il 36% lo riteneva possibile e solo il 13% lo riteneva probabile.

Diciassette anni dopo, nel 2009, Gore cambiò opinione. Coincidenza: il 2009 è quando successe il Climategate,

Quando l'argomento sembra, per sua natura, resistere al consenso.

È logico che nel tempo i chimici possano concordare sui risultati di alcune reazioni chimiche, dal momento che possono ripetere i risultati ripetutamente nei propri laboratori. Sono facili da testare. Ma gran parte della scienza del clima non concede questo. Le prove sono sparse e difficili da rintracciare. Non è possibile rieseguire i processi climatici passati per provarlo. Le affermazioni degli scienziati del clima si basano su modelli computazionali complessi; e questi modelli producono il loro contributo non sempre dai dati, ma dagli scienziati che interpretano i dati. E questo processo è quindi, in gran parte, soggettivo, e non è quindi il tipo di prova che fornisce la base per un consenso fondato su prove scientifiche ripetibili.

Quando le affermazioni sono: "gli scienziati dicono" o "la scienza dice".

Nel numero di Newsweek del 28 aprile 1975, l'editore scientifico Peter Gwynne affermava che "gli scienziati sono quasi unanimi" nel dire che il raffreddamento globale era in corso. Oggi ci viene detto che: "Gli scienziati affermano che il riscaldamento globale porterà all'estinzione di specie animali e vegetali, allagamenti delle aree costiere dai mari in aumento, condizioni meteorologiche più estreme, più siccità e malattie che si diffondono più ampiamente." Dire "Gli scienziati dicono" è molto ambiguo. Ci si dovrebbe chiedere: "Quali?" Il risultato è che una vaga compagine di scienziati diventa oggi "Scienza ". Ma "Scienza", dopotutto, è un nome astratto; e non può parlare. Ogni volta che si vedono queste frasi usate per implicare un consenso, ci si dovrebbe fermare a riflettere.

Quando continuiamo a sentirci dire che esiste un consenso scientifico

Un consenso dovrebbe essere basato su prove concrete. Ma un consenso non è esso stesso la prova. E con consolidate teorie scientifiche, non si sente mai parlare di consenso. Nessuno parla del consenso sul fatto che i pianeti orbitino attorno al sole, che la molecola di idrogeno sia più leggera della molecola di ossigeno, che il sale sia cloruro di sodio. Il fatto stesso che sentiamo così tanto parlare di un consenso sui cambiamenti climatici può essere sufficiente per giustificare il sospetto.

Se vogliamo adattare la norma legale di cui sopra al punto b., potremmo dire: "quando hai solide prove scientifiche dalla tua parte, discuti le prove. Quando hai solidi argomenti, discuti gli argomenti. Quando non hai prove concrete o grandi argomenti, richiedi il consenso".

Io personalmente, non essendo un climatologo, non posso esprimere in merito opinioni scientificamente valide; ma cerco di fare emergere, con questi scritti, dalla controversia, il lato bistrattato; e tacciato di ignoranza da parte dei media e da molta della politica. Semplicemente perché, in campo scientifico, bisogna essere umili. Si debbono ascoltare tutte le opinioni portate con modalità rigorosa ed abolire le certezze: soprattutto quando ci si scontra con i dubbi che ho riportato sopra.

Ovviamente questi ragionamenti non si applicano solo al riscaldamento climatico; ma, se valgono, valgono in generale per tutte le teorie tecnico-scientifiche. Comprese quelle relative all'inquinamento elettromagnetico, in particolare da 5G. Ci siamo chiesti perché, ad esempio, gli attivisti della guerra contro il riscaldamento climatico non si mobilitino anche per questo inquinamento, che ha caratteristiche di immediatezza di danni più grave di quello climatico? Eppure l'inquinamento elettromagnetico è chiaramente di origine antropogenica. Eppure sarebbe abbastanza facile fugare i dubbi sul 5G ed ottenere un vero consenso scientifico: basterebbe sottoporre qualche centinaio di volontari ad irraggiamento 5G (onde millimetriche) per, diciamo un anno, e valutare le conseguenze biologiche. Non dovrebbe essere difficile trovare volontari, vista la pletora di "negazionisti" dei danni biologici. E comunque, se i volontari si trovano per il Covid, che non è ancora ben conosciuto circa la sua letalità, non vedo perché non si dovrebbe trovarli per il 5G; per il quale gli "esperti" ci assicurano che non vi saranno danni biologici.

RIFERIMENTI

1. https://www.telegraph.co.uk/comment/columnists/christopherbooker/6679082/Climate-change-this-is-the-worst-scientific-scandal-of-our-generation.html
2. https://www.ilfoglio.it/cultura/2019/03/19/news/chi-dubita-sulle-cause-del-global-warming-e-nemico-del-popolo-e-fanatismo-religioso-243766/
3. https://www.queryonline.it/2015/08/31/lysenko-e-altri-truffatori-scientifici-di-secondo-piano/

3.IL RISCALDAMENTO GLOBALE NON È CAUSATO DALLA CO2. COSI' AFFERMA UN AUTOREVOLE STUDIO.

Vi espongo qui di seguito una interessante teoria scientifica, basata su sperimentazioni. E poco conosciuta. Secondo cui il riscaldamento climatico sarebbe dovuto alla pressione solare. Quindi la CO2 sarebbe effetto del riscaldamento, e non la sua causa.

Il riscaldamento globale, come già detto, è all'attenzione di parecchie persone e gli scienziati sono abbastanza divisi sulle sue cause. Storicamente una parte di questi scienziati si è concentrata sull'Effetto Serra (ES) e sulla sua caratteristica antropica (ossia generata dall'Uomo); invitando i popoli mondiali a mobilitarsi contro di esso. In particolare a mobilitarsi contro la generazione di CO2, che, a loro parere, è causa dell'ES. Un altro gruppo di scienziati confuta in vario modo queste conclusioni. (2)

Le confuta soprattutto:

Ricorrendo a dati storici di lungo periodo circa la temperatura della Terra, dimostrando che non si sta scaldando

Dimostrando che la CO2 non c'entra niente, anche in considerazione della bassissima concentrazione percentuale nell'aria.

Ma c'è un'altra ricerca, abbastanza recente (2017) e molto interessante (1) perché elaborata con sperimentazione e non solamente con teorie. Qui la riassumo brevemente; nei Riferimenti c'è il link.

Essa dimostra, con rigoroso metodo scientifico, che l'Effetto Serra (ES) non è causa del riscaldamento globale; ma che è effetto del riscaldamento atmosferico. Riscaldamento che, a sua volta, è dovuto alla pressione solare.

Lo studio è pubblicato dall'istituto americano Environment Pollution and Climate Change; ha affermato innanzitutto che i calcoli effettuati sin qui circa ES sono sbagliati. Il che significa che ci stiamo fasciando inutilmente la testa: i valori del gas serra, tre volte quanto ritenuto normale, sono invece normalissimi.

I due ricercatori (Ned Nikolov e Karl Zeller) hanno presentato una innovativa indagine sulla natura fisica dell'effetto termico atmosferico, utilizzando un nuovo e interessante approccio empirico per predire la temperatura media globale del nostro pianeta: hanno osservato infatti la temperatura di 6 corpi celesti, tra pianeti e satelliti, rocciosi e con atmosfere diverse, nell'arco di 30 anni. E ne hanno valutato le cause della variazione.

(Dal punto di vista di cura metodologica dell'analisi: i due ricercatori affermano che la relazione pressione-temperatura si è rivelata statisticamente valida; e descrive un continuum fisico regolare senza punti critici climatici. Questo continuum spiega pienamente l'effetto termico 90 K scoperto di recente dell'atmosfera terrestre. Ed è quindi empiricamente validato).

In altre parole, il cosiddetto ES è globalmente il risultato dell'effetto termico atmosferico piuttosto che una causa per esso. Questo modello empirico ha anche implicazioni fondamentali per il ruolo degli oceani e del vapore acqueo, nel clima globale.

"Poiché prodotto da un rigoroso tentativo di descrivere le temperature planetarie nel contesto di un continuum cosmico utilizzando un'analisi oggettiva di osservazioni controllate di tutto il Sistema Solare, concludono i ricercatori, questi risultati richiedono un cambio di paradigma nella nostra comprensione dell'effetto serra 'atmosferico' come fondamentale proprietà del clima".

Quindi, questa è una "cattiva notizia": infatti se il riscaldamento globale non è causato dall'uomo (che produce troppa CO2); l'uomo non può fare nulla per modificarlo.

RIFERIMENTI

1. New Insights on The Physical Nature of the Atmospheric Greenhouse effect Deduced from an Empirical Planetary Temperature Model https://www.omicsonline.org/open-access/new-insights-on-the-physical-nature-of-the-atmospheric-greenhouse-effect-deduced-from-an-empirical-planetary-temperature-model.php?aid=88574
2. The US Environmental Protection Agency (EPA) chief has said Carbon Dioxide isn't the main cause of climate change. https://www.scientificamerican.com/article/epa-chief-pruitt-refuses-to-link-co2-and-global-warming/

4."IL RISCALDAMENTO GLOBALE NON È CAUSATO DAGLI ESSERI UMANI", AFFERMA UNA SPERIMENTAZIONE CON UNA RETE NEURALE (ANN).

Una rete neurale "auto-learning" ha suggerito che il riscaldamento globale è più probabile che sia il risultato di fluttuazioni naturali piuttosto che causato dalle azioni degli esseri umani .

Questo è quanto affermano gli scienziati John Abbot e Jennifer Marohasy, che hanno creato una rete neurale artificiale (ANN) per studiare i dati storici e vedere se le fluttuazioni di temperatura, dalla rivoluzione industriale fanno parte di una ampia tendenza naturale più ampia o di un'anomalia generata dall'uomo.

La ANN, che è una rete di apprendimento automatico, ha utilizzato misurazioni come gli anelli sugli alberi. i modelli di conchiglie di creature marine, ed altro, per calcolare le temperature globali dal periodo precedente l'inizio delle registrazioni ad oggi. Da notarsi infatti che la problematica che rivestono le valutazioni scientifiche circa il riscaldamento climatico attuale, riguardano la non possibilità di valutare in maniera affidabile (per ovvia mancanza di registrazioni dirette) le presunte temperature pre-industriali. La rete ANN ha indagato su cicli naturali; alcuni nell'arco di decenni, altri nel corso dei secoli e di millenni.

La rete di computer ha riferito che queste oscillazioni di temperature erano provocate dall'effetto composto di fenomeni naturali come i cambiamenti nei flussi d'acqua oceanici, l'attività solare e i vulcani. La macchina ha lavorato in particolare sul periodo dal 1880 ai giorni nostri - quando sono iniziate le emissioni industriali di anidride carbonica e metano – ed ha trovato corrispondenze con le sue proiezioni ricavate da modelli storici. La macchina identifica l'evidenza per la proiezione del modello ANN per il 20° secolo, e suggerisce che l'aumento della temperatura negli ultimi 100 anni può essere in gran parte attribuito a fenomeni naturali.

RIFERIMENTI

1. https://www.energylivenews.com/2017/08/25/global-warming-not-caused-by-humans-says-robot/
2. https://www.researchgate.net/publication/318931349_The_application_of_machine_learning_for_evaluating_anthropogenic_versus_natural_climate_change

5.RISCALDAMENTO CLIMATICO: QUALCUNO CI PRENDE IN GIRO!

E' logico, e urgente, per molti, che, per diminuire il riscaldamento climatico, si debba diminuire l'uso di combustibili fossili: ciononostante, anche se crescono da anni gli sbandieramenti di catastrofi imminenti e le preoccupazioni per il riscaldamento globale, le aziende energetiche stanno progettando di aumentare sempre di più la produzione di combustibili fossili.

Vediamo intanto alcune errate previsioni del passato:

Era l'aprile del 1968, 52 anni fa, quando nacque il "Club di Roma"(1). I fondatori decisero di investire fondi per realizzare una serie di rapporti sui "dilemmi dell'umanità" analizzati scientificamente nelle cause e nelle possibili soluzioni. Per farlo decisero di finanziare le ricerche di un gruppo di scienziati del Massachusetts Institute of Technology (MIT). Questi elaborarono un modello computerizzato e un rapporto per prevedere le conseguenze ambientali ed economiche della crescita incontrollata della popolazione e della produzione industriale.

Il "Club di Roma" fu un flop per alcuni; un tentativo di truffa intellettuale per altri. Le posizioni critiche dei contenuti dei Limiti dello Sviluppo, che fu il titolo del loro rapporto, aumentarono, infatti, sino a mettere sotto accusa il Club di Roma, ritenendo che il loro vero scopo fosse "quello di organizzare la propaganda sulla crisi ambientale e sfruttare quest'ultima per giustificare la centralizzazione del potere (secondo il paradigma problema-reazione-soluzione), la soppressione dello sviluppo industriale sia in Occidente che nel Terzo Mondo, ed il controllo della popolazione mediante l'eugenetica." E sino ad arrivare a definire il Club di Roma un' impostura.

NAZIONI UNITE (AP) 30 giugno 1989 (2), 31 anni fa. Un alto funzionario ambientale delle Nazioni Unite affermò che intere nazioni avrebbero potuto essere spazzate via dalla faccia della Terra dall'innalzamento del livello del mare, se la tendenza al riscaldamento globale non veniva invertita entro il 2000. Questo funzionario, Noel Brown, direttore dell'ufficio di New York del Programma Ambientale delle Nazioni Unite, dichiarò anche che inondazioni costiere e inaridimenti delle colture avrebbero creato, nel futuro prossimo, un esodo di "rifugiati ecologici", minacciando il caos politico. Egli affermò che i governi hanno una finestra di 10 anni di opportunità per risolvere l'effetto serra prima che vada oltre il controllo umano.

(17 Novembre 2007), 13 anni fa. Nella sua relazione di sintesi scientifica definitiva, il Gruppo Intergovernativo di esperti sui Cambiamenti Climatici (IPCC) (3) lanciò una più forte richiesta di intervento immediato per salvare l'umanità dalle conseguenze mortali delle sfrenate emissioni di gas serra. Questo rapporto - firmato da 130 nazioni tra cui Stati Uniti e Cina – chiudeva la porta (si asseriva) su qualsiasi argomento per giustificare ritardi, e chiariva che in nessun caso dobbiamo ascoltare coloro che esortano ad aspettare.

Vediamo ora alcune presc in giro presenti e future:

In America, la più grande economia del mondo e il suo secondo più grande inquinatore, i cambiamenti climatici stanno diventando difficili da ignorare. Nel novembre 2019 gli incendi hanno bruciato la California; lo scorso inverno Chicago sembrava più fredda, dicono, di alcune parti di Marte.

Gli scienziati diffondono oggi allarmi a piene mani (in realtà altri affermano che il riscaldamento climatico è un fattore ciclico e altri che non è dovuto alla CO2, come visto nel precedente paragrafo): il 73% degli americani intervistati dalla Yale University alla fine dell'anno scorso ha affermato che il cambiamento climatico è reale. La sinistra del Partito Democratico ha lanciato il "New Deal verde", che è stato al centro delle elezioni del 2020. Nel 2019 sono state chiuse circa 20 miniere di carbone. I gestori di fondi spingono le aziende a diventare più ecologiche. Warren Buffett (4) sta investendo 30 miliardi di $ nell'energia pulita e Elon Musk ha in programma di riempire le strade di auto elettriche.

Eppure in mezzo a tutto questo clamore c'è un'unica verità stridente. La domanda di petrolio è in aumento e l'industria energetica, in America e nel mondo, sta pianificando investimenti multimiliardari e crescenti per soddisfarla.

Nessuna azienda incarna questa strategia meglio di Exxon Mobil, (5) il gigante che i rivali ammirano e gli attivisti verdi odiano. Essa prevede di pompare il 25% in più di petrolio e gas entro il 2025 rispetto al 2017. Se il resto del settore persegue una crescita anche modesta, le conseguenze per il clima, se fosse vero ciò che affermano i "green", potrebbero essere disastrose.

Per gran parte del XX secolo, le cinque major petrolifere - Chevron, Exxon Mobil, Royal Dutch Shell, BP e Total - hanno avuto più influenza di alcuni piccoli stati. Oggi, sebbene il potere delle major sia leggermente calato, esse definiscono e pilotano quasi tutte le strategie delle aziende energetiche mondiali; anche delle più piccole (che controllano comunque un altro quarto degli investimenti). E milioni di pensionati e altri risparmiatori si affidano ai loro profitti: delle 20 aziende che pagano i maggiori dividendi in Europa e in

America, quattro sono major.

Nel 2000 BP promise di "andare oltre il petrolio" e, alla luce di ciò, anche altre major sono effettivamente cambiate. Tutte affermano di sostenere l'accordo di Parigi per limitare i cambiamenti climatici e tutte stanno investendo in energie rinnovabili come il solare. Shell ha recentemente affermato che avrebbe frenato le emissioni dei suoi prodotti.

Però, alla fine, si dovrebbero giudicare le aziende da ciò che fanno, non da quello che dicono.

Secondo ExxonMobil, la domanda globale di petrolio e gas aumenterà del 13% entro il 2030 (anche per l'aumento di popolazione e l'aumento di nuove tecnologie consumatrici di energia). E questo tiene conto di recuperi di efficienza e risparmi, senza i quali la domanda di energia sarebbe doppia (ultimo grafico a destra, del 2014, ma la situazione non era molto cambiata prima della pandemia Covid).

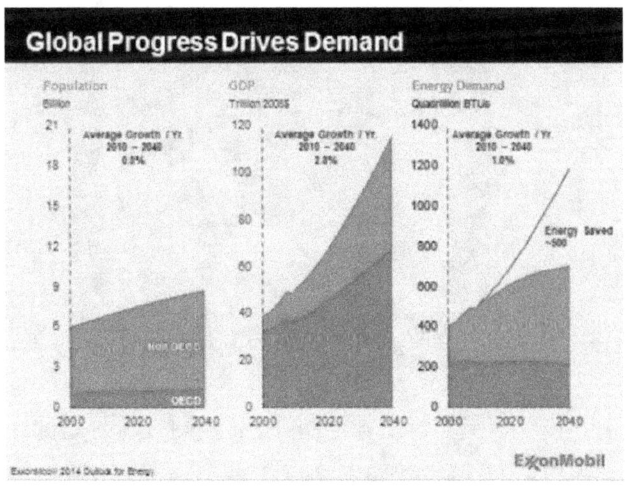

Se è vero, tutte le major, e non solo ExxonMobil, devono giocoforza espandere la propria produzione.

Contemporaneamente, però, le compagnie petrolifere, direttamente o attraverso gruppi commerciali o di lobby, fanno pressioni contro misure che limiterebbero le emissioni.

Abbiamo quindi un problema. Il problema è che, secondo una valutazione dell'IPCC, Ente Intergovernativo per la Scienza del Clima, la produzione di petrolio e gas deve diminuire di circa il 20% entro il 2030 e di circa il 55% entro il 2050, al fine di arrestare l'innalzamento della temperatura della Terra di oltre 1,5 ° C al di sopra del suo livello preindustriale. Ma pare che nessuno abbia voglia, o almeno preveda, di diminuire la produzione; anzi, prevedono di aumentarla.

Nel grafico seguente faccio anche vedere le previsioni della European Environment agency. Ovviamente non si cita, come energia, quella elettrica separatamente, poiché è prodotta con altri combustibili, in buona parte fossili.

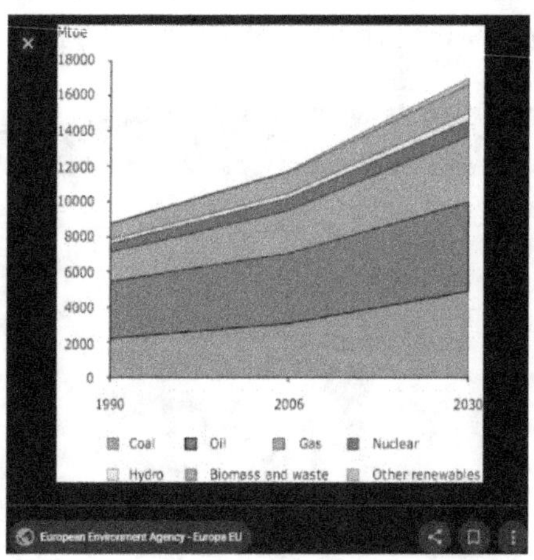

Concludiamo da ciò che le imprese energetiche devono quindi essere considerate immorali e da combattere? No; semplicemente stanno rispondendo alle regole del mondo finanziario. I rendimenti finanziari del petrolio sono infatti superiori a quelli delle energie rinnovabili. Per ora, la domanda mondiale di petrolio stava crescendo, prima del Covid, dell'1-2% all'anno, simile alla media degli ultimi cinque decenni; e, si noti, la tipica major deriva una minoranza del suo valore di borsa attuale dai profitti che realizzerà dopo il 2030. Per quanto le major siano diffamate dai guerrieri del clima, (molti dei quali guidano automobili e prendono aerei) dobbiamo ricordare che non è solo legale per loro massimizzare i profitti, è anche un requisito che i loro azionisti richiedono sia rispettato.

Alcuni sperano che le compagnie petrolifere si dirigano gradualmente verso una nuova direzione, ma ciò sembra solo una ottimistica speranza; perché sarebbe avventato fare affidamento su innovazioni brillanti per salvare la situazione. Gli investimenti globali nelle energie rinnovabili, circa 300 miliardi di $ all'anno, sono molto meno di ciò che viene impegnato nei combustibili fossili alla ricerca di migliori metodi di estrazione. Anche nel settore automobilistico, dove sono oggi prodotte decine di modelli elettrici, circa l'85% dei veicoli dovrebbe ancora utilizzare motori a combustione interna nel 2030 (e comunque l'elettricità si produrrà in buona parte col petrolio).

Allo stesso modo, il boom degli investimenti etici. Fondi con un patrimonio di 32 miliardi di $ si sono uniti per fare pressione sui maggiori produttori petroliferi del mondo. I gestori di questi fondi, di fronte a un possibile crollo delle loro attività tradizionali, sono in realtà lieti di vendere prodotti ecologici che, comportano commissioni più elevate. Ma pochi grandi gruppi di investimento hanno scaricato le quote delle grandi aziende energetiche. Nonostante molta pubblicità, i recenti impegni delle compagnie petrolifere nei confronti degli investitori verdi rimangono modesti.

E non ci si aspetti molto dai tribunali. Gli avvocati stanno portando avanti ondate di azioni legali accusando le compagnie petrolifere di tutto: dall'ingannare il pubblico, all'essere responsabili dell'innalzamento del livello del mare. Alcuni pensano che le compagnie petrolifere subiranno lo stesso destino delle aziende del tabacco, che hanno dovuto affrontare enormi procedimenti legali negli anni '90. Dimenticano, però, queste persone, che il consumo di tabacco è, in buona misura, ancora in attività.

A tutti questi problemi si aggiunge quello della Pandemia Covid, che sicuramente decrementerà l'uso del petrolio. Il problema è che comunque limiterà, per penuria di cassa, gli investimenti speculativi in progetti di energie alternative, sulle quali non c'è ancora certezza circa i ritorni finanziari. Giudicate voi se possiamo fidarci delle previsioni circa l'utilizzo di energie alternative a quelle fossili.

Comunque adesso gli esperti climatici affermano che i prossimi 15 anni saranno fondamentali per il cambiamento climatico. Però, se gli innovatori, gli investitori, i tribunali e l'interesse personale delle aziende non possono frenare i combustibili fossili, allora l'onere dovrà probabilmente ricadere sul sistema politico; che avrà (come già ha) la responsabilità di garantire però anche l'eguaglianza sociale e di qualità della vita. Cose che verrebbero messe a rischio dal freno sugli investimenti energetici.

La chiave sarà forse mostrare agli elettori che la riduzione delle emissioni è pratica e non causerà disuguaglianze. Sebbene, però, l'emergente "Green New Deal" aumenti la consapevolezza, quasi certamente non supera il test di "praticità", poiché si basa su una massiccia espansione della spesa pubblica e della pianificazione centrale. Si potrebbero tassare le emissioni di carbonio; ma i gilet jaunes in Francia hanno mostrato quanto possa essere difficile.

Nell'attesa, quindi, che la data del Giudizio Universale, (speriamo) venga spostata ancora in avanti, al momento pare comunque che l'unico lato positivo di questo battage, sia la generale sensibilità all'eliminazione dei rifiuti, plastica in testa. Il che non è male comunque.

COVID-19 PRESENTA SIA UN'OPPORTUNITÀ CHE UNA MINACCIA NEL SETTORE DELLE ENERGIE RINNOVABILI

La rapida diffusione della pandemia ha già colpito ogni parte del paese e, negli USA, la Solar Energy Industries Association (SEIA), una delle più grandi al mondo, ha avvertito che la crisi potrebbe far perdere al settore dell'energia solare circa la metà della sua forza lavoro. I posti di lavoro, infatti, sono particolarmente a rischio in questo settore, dove l'interazione da persona a persona richiesta per le installazioni residenziali, ad esempio, non è spesso consentita a causa di misure di allontanamento sociale.

Inoltre, molti progetti di stoccaggio dell'energia sono già in ritardo e il settore dell'energia eolica sta subendo interruzioni nella sua catena di approvvigionamento e rischia di perdere un terzo della sua forza lavoro.

Ricordare inoltre che in molte nazioni le energie rinnovabili si sostengono ancora con il finanziamento pubblico, che, a sua volta, è ottenuto "tassando" in parte i combustibili fossili. Se diminuirà l'uso di questi ultimi, è verosimile che verrà anche a diminuire la disponibilità di finanziamento per le rinnovabili. E molti governi non hanno ancora rinnovato i finanziamenti del settore, come i pagamenti per mantenere le aziende in crescita o i crediti d'imposta sugli investimenti estesi.

RIFERIMENTI

1. https://ilbolive.unipd.it/it/news/club-roma-50-anni-dopo-stessi-dilemmi
2. https://www.apnews.com/bd45c372caf118ec99964ea547880cd0
3. https://thinkprogress.org/absolute-must-read-ipcc-report-debate-over-further-delay-fatal-action-not-costly-b87af244a16b/
4. Buffett è chiamato "l'oracolo di Omaha" oppure "il mago di Omaha", per la sua sorprendente abilità negli investimenti finanziari e nel predire guadagni ed eventuali, seppur limitate, perdite.
5. https://www.economist.com/leaders/2019/02/09/the-truth-about-big-oil-and-climate-change

CAP. III

LE AUTO ELETTRICHE SALVERANNO IL MONDO?

1.PROBLEMI DELLE AUTO ELETTRICHE – I PARERI DEGLI ESPERTI

In un'auto a trazione elettrica i problemi elettronici ed elettrici sono enormi, e coinvolgono da vicino affidabilità ed efficienza. Ma non solo. Qui di seguito i pareti degli esperti, con dettagli tecnici.

Popolarità

Si prevede che i veicoli elettrici alimentati a batteria raggiungeranno discreti risultati di vendita nel 2020, se il Covid lo permetterà; ma la tecnologia deve affrontare diversi ostacoli significativi per ottenere una più ampia adozione nel mercato.

Autonomia limitata, costi elevati, problemi di batteria e un'infrastruttura di ricarica insufficiente sono le principali sfide per i veicoli elettrici a batteria (BEV). Inoltre, ci sono problemi con vari semiconduttori di potenza e altri dispositivi elettrici ed elettronici.

Questo aiuta a spiegare perché i veicoli ibridi, che funzionano sia a batteria che a benzina, oggi sono più popolari delle auto elettriche a batteria. Ma le case automobilistiche e diversi fornitori con sede in Cina stanno accelerando i loro sforzi nel mercato BEV in una rapida crescita in Cina e altrove. La produzione mondiale di auto elettriche a batteria dovrebbe raggiungere la soglia dei 2,5 milioni nel 2020, rispetto agli 1,39 milioni di veicoli prodotti nel 2018, secondo IHS Markit. Secondo l'Agenzia internazionale dell'energia, entro il 2030, circa il 30% di tutte le auto dovrebbe essere elettrico.

Sembra impressionante, ma oggi i veicoli elettrici rappresentano solo l'1-3% di tutte le autovetture. "Il mercato sta assolutamente decollando con buoni tassi di crescita annuale composti, ma proviene da una base molto piccola", ha affermato Guy Moxey, direttore senior dei prodotti energetici di Wolfspeed . "Tuttavia, la quota di veicoli elettrici a batteria rispetto al numero complessivo di veicoli realizzati è molto ridotta".

Alcune regioni del mondo stanno crescendo più velocemente di altre. Ad esempio, la Cina, il più grande mercato mondiale di auto elettriche, ha formulato una politica nazionale sulla tecnologia a causa di questioni ambientali. Secondo Frost & Sullivan, la quota cinese del mercato dei veicoli elettrici dovrebbe raggiungere il 57% nel 2020, dal 55,5% nel 2018. "Se esci dall'aeroporto di Shenzhen, in Cina, ad esempio, il 90% di tutti i taxi sono veicoli elettrici. Entro il 2021 ogni singolo autobus in Cina dovrà essere esclusivamente elettrico ", ha detto Moxey. "La Cina può guidare la direzione abbastanza facilmente attraverso la legislazione del governo. Non è così facile da fare in Europa o in Nord America".

Tuttavia, i BEV devono affrontare diverse sfide per ottenere maggiore trazione in tutte le regioni. "Sebbene possano essere ottimi in termini di sostenibilità e avere un impatto minore sull'ambiente, ci sono alcuni compromessi coinvolti", ha affermato Jim Hines, analista di TechInsights. "La maggior parte delle persone, quando pensa ai veicoli elettrici a batteria, pensa a brevi distanze, costi elevati e forse ha bisogno di una stazione di ricarica installata a casa. Ci sono preconcetti che probabilmente impediscono ad alcuni consumatori persino di prendere in considerazione un veicolo elettrico".

Alcune di queste percezioni sono errate, mentre altre no. Tuttavia, i produttori di BEV devono affrontare molte delle stesse sfide tecniche e di costo dei veicoli tradizionali. "Ci sono alcuni ostacoli elevati da superare in termini di affidabilità, qualificazione e sicurezza funzionale. E ci sono alcune pressioni sui costi relativamente elevate", ha detto Hines.

Tutto sommato, i BEV e le infrastrutture devono migliorare. Altrimenti, rimarrà un mercato di nicchia. Anche il leader di mercato Tesla deve affrontare alcuni venti contrari tra problemi di costi, qualità e redditività.

Total global BEV passenger car production

Year	in Millions
2017	0.759
2018	1.390
2019	2.010

Total global passenger car production

Year	in Millions
2017	79.900
2018	78.800
2019	79.300

Figura 1: crescita del mercato automobilistico. Fonte: IHS

Batteria, problemi di ricarica

Le auto BEV esistono da decenni. La prima auto elettrica moderna è apparsa nel 1996, quando GM ha lanciato la EV1, che è stata abbandonata nel 2002. Nel 1997, Toyota ha introdotto la Prius, un'ibrida.

Nel tempo, le auto elettriche si sono evolute e oggi i consumatori hanno diverse scelte. BMW, Daimler, Ford, GM, Nissan, Tesla, Toyota, VW e altri stanno investendo miliardi di dollari in veicoli elettrici e stanno espandendo i loro sforzi nel mercato. In un esempio, Tesla ha recentemente introdotto il Model Y, un SUV che vende per $ 39.000 per un veicolo con un'autonomia di 350 km e $ 47.000 per un'autonomia di 500 km.

I BEV sono diversi dalle auto tradizionali, che sono alimentate da un motore a combustione interna (ICE). Alimentati da batterie agli ioni di litio, i BEV sono costituiti da tre blocchi di alimentazione principali: un caricabatterie a bordo, un convertitore CC-CC e un inverter di trazione.

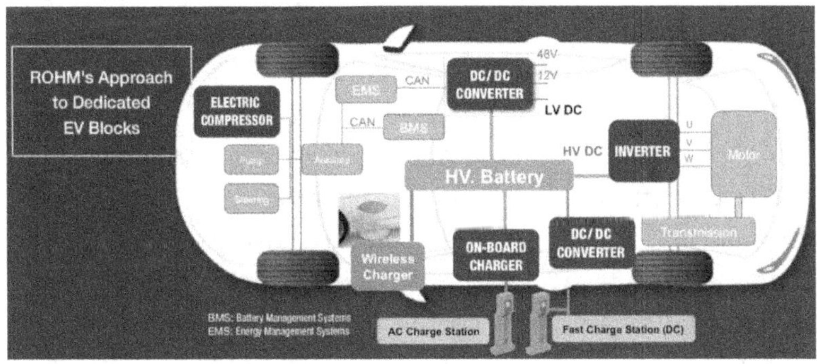

Figura 2: l'interno di un'auto elettrica a batteria. Fonte: Rohm

L'invertitore di trazione converte l'energia dalle batterie al motore di trazione, che spinge il veicolo. Il caricabatterie a bordo ricarica le batterie da una rete elettrica. Un convertitore da CC a CC riduce la potenza a tensioni inferiori. Queste tensioni sono usate per controllare le porte, il riscaldamento e i finestrini.

Un motore elettrico è più efficiente di un ICE, ma questo non è un grande punto di forza per i BEV. "Un fattore chiave è l'accettazione dei consumatori", ha affermato Ian Fletcher, analista di IHS Markit. "L'accettazione tende ad essere alimentata da altri fattori, come il costo d'ingresso della tecnologia senza sussidi o un certo grado di trattamento preferenziale dei veicoli elettrici per renderli attraenti. I limiti presentati dalla tecnologia rimangono anche una preoccupazione per molti clienti, con non solo l'autonomia ma il tempo necessario per caricare un veicolo elettrico quando necessario, nonché un'infrastruttura di ricarica ancora scarsa in alcuni mercati ".

Nel frattempo, come prima, la principale sfida tecnica è la batteria agli ioni di litio nei BEV. L'attuale tecnologia agli ioni di litio sta raggiungendo il suo limite. Altre tecnologie per le batterie sono in fase di ricerca e sviluppo e non sono previste da tempo.

"La densità energetica della batteria agli ioni di litio è quasi quadruplicata nei suoi 28 anni di esistenza sul mercato grazie a miglioramenti evolutivi nei materiali e nel design", ha affermato Philippe Vereecken, membro dello staff tecnico di Imec . "La densità energetica delle batterie agli ioni di litio attualmente può fornire un'autonomia di guida limitata da 400 a 500 km (da 249 a 311 miglia), mentre il consumatore desidera un'autonomia di guida di 700 km (435 miglia) o più. Inoltre, l'elevato costo delle batterie agli ioni di litio rende il veicolo elettrico costoso. "

"La capacità delle batterie è misurata in chilowattora (kWh), che è una unità di misura di energia. Più la densità di energia può essere aumentata nelle batterie, maggiore è la capacità di energia per una data batteria ", ha detto Hines di TechInsights. "Per un veicolo elettrico, il design di un pacco batteria è limitato dalle dimensioni e dalla massa del pacco. C'è una certa dimensione oltre la quale non è possibile ingrandirla, perché aggiungeremmo troppa massa al veicolo. La massa è nemica della manovrabilità, dell'accelerazione e della frenata. Maggiore è la massa, più difficile è ottenere buoni risultati con le prestazioni. "

La prossima grande sfida è l'infrastruttura di ricarica. Per i veicoli elettrici, ci sono tre livelli di carica: Livello 1, Livello 2 e Livello 3. Nel Livello 1, l'auto viene caricata collegando il veicolo a una presa domestica da 120 volt CA tramite un caricatore a bordo. In media, questo richiede 17 ore per ricaricare un'auto, secondo Canaccord Genuity.

Nel livello 2, il veicolo è collegato a una fonte di alimentazione da 240 volt a casa o a una stazione di ricarica esterna. Questo richiede dalle 3,5 alle 7 ore.

Il livello 3 prevede un'unità di ricarica rapida CC autonoma basata su un sistema a 480 volt. I tempi di ricarica sono più rapidi, ma queste unità di ricarica non sono predisposte per l'installazione domestica, gli utilizzatori devono portare il veicolo a una stazione di ricarica indipendente, proprio come portare un'auto a una stazione di servizio.

Ciò rappresenta un problema con alcune implicazioni psicologiche. "L'infrastruttura è piuttosto importante", ha affermato Llewellyn Vaughan-Edmunds, direttore del marketing strategico presso Applied Materials . "In questo momento, c'è un'ansia chiamata" intervallo di miglia": c'è una paranoia che la batteria stia per esaurirsi." Questo è meno problematico in città. Il 60% della popolazione con veicoli elettrici viaggia ogni giorno entro 15 miglia. Si può andare al lavoro e tornare ogni giorno con una carica senza problemi.

Il grosso problema sono i viaggi a lunga distanza, dove le stazioni di ricarica non sono sempre disponibili. In risposta, Tesla, società private e consorzi vari stanno installando stazioni di ricarica rapida in tutti gli Stati Uniti. Questo, ovviamente, richiede enormi investimenti. Tutti sono concentrati sulla ricarica rapida per cercare di ridurre l'ansia dei viaggi a lunga distanza; si sta cercando di consentire tassi più alti di adozione dei veicoli elettrici creando più stazioni di ricarica. Ma, invece di affidarsi a una istituzione pubblica , stanno organizzando iniziative private come gruppo o consorzio. Non si sa se questa strategia funzionherà.

Affidabilità ed efficienza

Le batterie e i problemi di ricarica non sono le uniche sfide. Anche il miglioramento dell'efficienza, dell'affidabilità e del costo dei sottosistemi e dei dispositivi è fondamentale.

Garantire l'affidabilità nell'elettronica automobilistica è fondamentale per tutte le auto, in particolare le BEV. "Il modo in cui progettiamo l'auto, il modo in cui interagiamo con l'auto e il modo in cui l'auto interagisce con altri dispositivi influisce sui semiconduttori sottostanti sotto il cofano e in cabina", ha affermato Steven Liu, vicepresidente senior del marketing presso UMC . "Molte nuove parti elettriche vengono aggiornate e aggiunte nei principali sottosistemi, come ADAS, infotainment e apparato propulsore elettrico. Ci sono altri problemi di affidabilità: una delle maggiori sfide per i veicoli elettrici e gli ibridi è il modo in cui il microcontrollore può ottimizzare l'efficienza energetica per tutti i diversi componenti all'interno del veicolo elettrico, dai progetti di fascia alta a quelli di fascia bassa per garantire flessibilità di progettazione a lungo termine; I sistemi di conversione dell'energia sono essenziali e importanti per i veicoli elettrici moderni. La robustezza e l'affidabilità dei dispositivi di alimentazione integrati sono sfide chiave per la progettazione e la produzione di circuiti integrati di potenza per autoveicoli. Inoltre, le soluzioni di memoria su chip devono essere conformi allo standard AEC-Q100 per soddisfare le rigorose specifiche della temperatura operativa ".

Quindi, alcuni OEM stanno incorporando chip nei nodi di rete elettrica del veicolo, il che ha altre implicazioni. "Quando si hanno anni per eseguire il debug del processo, si avrà naturalmente una maggiore affidabilità", ha affermato Jay Rathert, direttore senior delle collaborazioni strategiche presso KLA . "Ma quando si inseriscono parti con la pressione competitiva attuale, quei processi devono ancora maturare molto. Ci sono ancora molti difetti sistematici e sfide di integrazione che non sono stati ancora sottoposti a debug ".

Anche rendere l'auto più efficiente è fondamentale. Per questo, l'industria si sta concentrando sui tre blocchi di alimentazione principali in un sistema: il caricatore di bordo, il convertitore da CC a CC e l'invertitore di trazione.

Gli OEM utilizzano semiconduttori di potenza e altri componenti nei blocchi di potenza. I semiconduttori di potenza sono progettati per aumentare l'efficienza e ridurre al minimo le perdite di energia nei sistemi. Sono transistor specializzati che funzionano come un interruttore, consentendo alla potenza di fluire nello stato "acceso" e arrestarlo nello stato "spento".

I tipi di semiconduttori di potenza dominanti sono basati sul silicio, vale a dire il MOSFET di potenza e il transistor bipolare a gate isolato (IGBT). I MOSFET di potenza sono utilizzati in applicazioni fino a 900 volt. Gli IGBT, il principale semiconduttore di potenza di fascia media, vengono utilizzati per applicazioni da 400V a 10 kV.

Entrambi i tipi hanno alcune limitazioni. "Quando si passa da 600 a 900 volt, i MOSFET al silicio sono buoni ma iniziano a perdere un po' di vapore. Gli IGBT sono ottimi sollevatori pesanti, ma non sono veloci o efficienti ", ha detto Moxey di Wolfspeed.

Ecco perché l'industria è interessata a due tecnologie ad ampio intervallo di banda: carburo di silicio (SiC) e nitruro di gallio (GaN). Rispetto ai dispositivi basati su silicio, i chip di alimentazione a base di GaN e SiC sono più veloci e aiutano a eliminare le perdite di potenza nei sistemi. Tuttavia, i dispositivi basati su GaN e SiC sono più costosi.

"Un IGBT è un interruttore. Un MOSFET in carburo di silicio è un interruttore. Un MOSFET in carburo di silicio può commutare molto più velocemente di un IGBT. La transizione tra off e on è molto più veloce, quindi sprechi molta meno energia. Quindi ottieni un interruttore altamente efficiente. Il carburo di silicio è un materiale a banda larga. Questa è la differenza tra un ampio intervallo di banda e il silicio. È la prestazione di commutazione ", ha detto Vaughan-Edmunds di Applied.

Nei BEV, l'obiettivo è aumentare l'efficienza nei blocchi di potenza. "Tutti i blocchi consumano elettricità. Trasformano l'elettricità, ma la sprecano anche. Non sono efficienti al 100%. Quando si dispone di una batteria con una quantità fissa di potenza, non si vuole sprecare nulla", ha detto Moxey di Wolfspeed. "Se si implementa il carburo di silicio nel convertitore CC-CC o nel caricatore di bordo, ad esempio, sono dall'1% al 2% più efficienti del silicio. Non solo sono più efficienti, ma anche per la stessa potenza nominale, la densità di potenza è maggiore. Sono più piccoli. Sulla macchina, le dimensioni e il peso sono una cosa enorme. "

I dispositivi di alimentazione basati su GaN e SiC stanno facendo breccia nei BEV, ma non sono ampiamente utilizzati in alcuni blocchi di alimentazione. Ad esempio, l'inverter di trazione incorpora una rete di semiconduttori di potenza. Gli OEM utilizzano principalmente IGBT, che qui sono soluzioni convenienti.

L'eccezione è il modello 3 di Tesla, che utilizza MOSFET SiC per l'inverter di trazione. Altri OEM stanno esplorando i MOSFET SIC, sebbene la maggior parte non stia "saltando su questo carro" a causa di considerazioni sui costi. "Attualmente, gli IGBT sono molto utilizzati negli inverter di trazione. Il carburo di silicio è come la soluzione premium. Quello che succederà con il carburo di silicio è che man mano che il costo scende, lo vedrai nel mainstream ", ha detto Vaughan-Edmunds di Applied.

È una storia diversa per il caricabatterie di bordo. Questa unità ha tre sottosistemi: uno stadio di ingresso, un circuito di correzione del fattore di potenza (PFC) e un convertitore da CC a CC. (Questo convertitore è diverso dal blocco di alimentazione del convertitore da CC a CC.).

Il circuito PFC modella la corrente di ingresso e quindi massimizza il livello di potenza nel sistema. Il PFC incorpora semiconduttori di potenza, diodi e altri componenti. "Prendi una sorgente CA dal muro e ottieni una tensione CC controllata. Devi prendere l'AC e il fattore di potenza correggerlo in DC. Quindi, si utilizza un convertitore CC-CC per regolare la tensione CC in uscita ", ha spiegato Moxey di

Wolfspeed.

Per lo switch, gli OEM utilizzano MOSFET di potenza a super giunzione. Questi dispositivi, che sono MOSFET di potenza truccati, sono adatti a questi compiti. Tuttavia, gli OEM incorporano diodi SiC, non diodi al silicio, nel PFC. I diodi SiC non velocizzano i tempi di ricarica, ma rendono il caricabatterie più efficiente e riducono le dimensioni dei componenti.

"Un diodo è un dispositivo che fa passare l'elettricità in una direzione e la blocca nella direzione opposta. Ci sono almeno uno o talvolta due diodi coinvolti in quel circuito di correzione del fattore di potenza. La scelta del diodo influenza l'efficienza del circuito di correzione del fattore di potenza ", ha affermato Van Ochten di Rohm. "Non esiste una perfetta efficienza dall'input all'output. La stessa cosa vale per la correzione del fattore di potenza. Se si desidera la migliore efficienza, si utilizzano diodi in carburo di silicio in quel circuito di correzione del fattore di potenza. Almeno il 95% delle persone che costruiscono circuiti PFC scelgono diodi in carburo di silicio in quel circuito. Da soli ti daranno un paio di decimi di percentuale in più di efficienza rispetto ai tradizionali diodi al silicio ".

Da lì, il convertitore da CC a CC prende la tensione CC creata dal PFC. "La seconda metà del caricabatterie prende la tensione CC che è stata creata dal PFC e si trasforma nella tensione appropriata per la batteria con cui stai lavorando. Oltre a trasformarlo nella tensione appropriata, isola anche la batteria e il suo circuito dal circuito di rete ", ha detto Van Ochten. "Questo trasformatore isola il veicolo dalla rete per motivi di sicurezza e cambia la tensione al livello appropriato, sia che tu abbia una batteria da 400 volt o una batteria da 800 volt. Lo fa tramite un trasformatore. "

È qui che si inserisce il GaN, almeno per alcuni OEM. "La corrente continua in uscita dalla correzione del fattore di potenza dovrà essere attivata e disattivata rapidamente per azionare il trasformatore. Deve essere AC per passare attraverso il trasformatore. Quell'AC potrebbe essere di 50 kilohertz o 200 kilohertz o forse anche un megahertz ", ha detto. "Non è possibile pilotare MOSFET in carburo di silicio o super-giunzione a megahertz, ma è possibile pilotare GaN a quella frequenza. Questo è ciò che spinge le persone a scegliere GaN in modo che possano utilizzare una frequenza CA più elevata in quel trasformatore e utilizzare un trasformatore più piccolo. Quindi, GaN guiderebbe il primario del trasformatore. Più velocemente puoi accendere e spegnere quella CC, più piccolo puoi fare quel trasformatore. Puoi spingere fino a un megahertz e forse oltre. "

Auto a guida autonoma?

La guida autonoma è un argomento sempre più attuale nel mondo automobilistico. Con guida autonoma si intende la possibilità di un'auto di dare il proprio contributo alla guida, sollevando il conducente da certi compiti. Quando si parla di vetture a guida autonoma, in generale, ci si riferisce a quelle auto dotate di sistemi di ausilio alla guida che sono in grado d'intervenire sul controllo della velocità e dello sterzo per evitare situazioni di pericolo. Queste tecnologie, comunemente denominate ADAS (Advanced Driver Assistance Systems), possono combinarsi tra loro per dare un'assistenza maggiore o minore durante la marcia. Le auto a guida autonoma sono ancora in fase di ricerca e sviluppo, ma ADAS è già una realtà. L'ADAS prevede varie funzioni di sicurezza in un'auto, come la frenata di emergenza automatica, il rilevamento della corsia e l'avvertimento di oggetti posteriori.

Nel mondo ADAS, "Livello 1" prevede l'automazione di una o più funzioni di controllo in un'auto, mentre "Livello 2" è l'automazione di due o più funzioni. I livelli 3 e 4 implicano maggiori capacità di guida autonoma. "Livello 5" è completamente autonomo, volante opzionale.

Le auto oggi più avanzate sono di livello 2. Questo include la tecnologia ADAS di Tesla, soprannominata Navigate on Autopilot. Ciò consente al conducente di navigare autonomamente negli svincoli autostradali e non richiede la conferma del cambio di corsia, ma il conducente deve tenere o controllare il volante. "È ancora qualcosa che definirei come una funzione di assistenza alla guida di nuova generazione", ha detto Hines di TechInsights. "È ancora necessario che il conducente sia coinvolto in una capacità di supervisione. L'ho sperimentato io stesso. Le funzionalità di guida autonoma possono attrarre alcuni consumatori. La connettività è un punto di forza per i BEV. "Il WiFi gioca un ruolo importante nell'infrastruttura della connettività in auto, come lo streaming di video HD, la fotocamera, la condivisione del display e gli aggiornamenti software", ha affermato Liu di UMC. "Il Bluetooth offre voce ad alta fedeltà e supporto per lo streaming audio."

Alla fine, il 5G entrerà nel quadro generale con frequenze inferiori ai 6 GHz, seguiranno poi le onde millimetriche (mmWave). "Per la connettività con il 5G sarà necessario il grado 1 automatico a 28 GHz e 38 GHz per comunicazioni ad alta velocità e larghezza di banda elevata. Nel fronte mmWave, man mano che le geometrie CMOS diventano più piccole, Fmax diventa più elevato e in grado di servire frequenze più elevate con costi migliori ", ha aggiunto Liu.

In sintesi, per quanto riguarda i BEV, i consumatori sono ancora preoccupati dai prezzi dei veicoli, dell'autonomia delle batterie e dei problemi di ricarica.. Cosa aiuterà a stimolare la domanda? "Ci sono importanti fattori per stimolare la domandai", ha detto Hines di TechInsights. "Uno è l'educazione dei consumatori e poi una evangelizzazione del mercato intorno ai veicoli elettrici che deve avere luogo".

Tuttavia, i BEV continueranno a farsi strada, anche se forse non così velocemente come molti avevano previsto; i veicoli sono qui per restare; ma, molto probabilmente, non salveranno il mondo. Anche perché non si conosce bene ancora l'impatto del Covid su questo mercato e l'impatto della eventuale cessazione dei finanziamenti di alcuni stati a supporto della trazione elettrica.

2. L'INQUINAMENTO DELLE AUTO ELETTRICHE: AVREMO ARIA PULITA IN CAMBIO DI ACQUA SPORCA?

Cosa lega la batteria del nostro smartphone con uno yak morto e che galleggia in un fiume tibetano? La risposta è il litio, il metallo alcalino che alimenta i nostri telefonini, tablet, laptop e auto elettriche.

Nel maggio 2016, centinaia di manifestanti gettarono pesci morti sulle strade di Tagong, una città sul bordo orientale dell'altopiano tibetano. Li avevano pescati dal fiume Liqi, dove una perdita di sostanze chimiche tossiche dalla miniera di litio Ganzizhou Rongda aveva devastato l'ecosistema locale.

Ci sono immagini di masse di pesci morti sulla superficie del torrente. Alcuni testimoni oculari riferirono di aver visto carcasse di mucche e yak galleggianti a valle, morti per aver bevuto acqua contaminata. Fu il terzo incidente di questo tipo nell'arco di sette anni in un'area che ha visto un forte aumento dell'attività mineraria, comprese le operazioni gestite da BYD, il principale fornitore mondiale di batterie agli ioni di litio per smartphone e auto elettriche.

Le batterie agli ioni di litio sono oggi una componente fondamentale per frustrare gli sforzi per ripulire il pianeta. La batteria di una Tesla Model S contiene circa 12 chilogrammi di litio, mentre le soluzioni di stoccaggio di energia in batterie poste nelle centrali elettriche di energie rinnovabili, ne richiederebbero molto di più.

Un po' come cadere dalla padella nella brace.

La domanda di litio aumenta in modo esponenziale e ha raddoppiato il prezzo tra il 2016 e il 2018. Secondo la Energy Research Advisors, l'industria degli ioni di litio dovrebbe crescere da 100 gigawattora (GWh) di produzione annuale nel 2017 a quasi 800 GWh nel 2027.

Questo senza tener conto che il governo cinese ha annunciato una grande spinta verso i veicoli elettrici nel suo 13° piano quinquennale. Ciò comporterà un aumento massiccio del numero di progetti per l'estrazione del litio.

E quindi abbiamo un problema: mentre il mondo si sforza di sostituire i combustibili fossili con energia pulita, l'impatto ambientale derivante dalla ricerca di tutto il litio necessario per consentire tale trasformazione potrebbe vanificare molti di questi sforzi: avremo (forse) aria pulita; in cambio di acqua sporca.

Vediamo perché.

In Sud America, il problema più grande è l'acqua. Il "triangolo del litio" del continente, che copre parti dell'Argentina, della Bolivia e del Cile, detiene più della metà del fabbisogno mondiale di metallo sotto le sue saline sotterranee. È anche uno dei luoghi più aridi della terra. Questo è un vero problema, perché per estrarre il litio, i minatori iniziano perforando un foro nelle saline e pompandovi acqua, per ottenere il rigetto in superfice di salamoie saline ricche di mincrali.

Salar de Uyuni, Bolivia. I lavoratori perforano la crosta del più grande giacimento di litio al mondo. Puntano all'ottenimento di una salamoia sotterranea, che, oltre al litio contiene magnesio e potassio. A partire dagli anni 2000, la maggior parte del litio mondiale è stato estratto in questo modo (piuttosto che estrarlo da minerali come spodumene, petalite e lepidolite).

Poi lasciano evaporare questa salamoia per mesi; creando dapprima una miscela di manganese, potassio, borace e sali di litio che viene poi filtrata e posta in un'altra pozza di evaporazione, e così via. Dopo 12-18 mesi, la miscela è stata filtrata a sufficienza da poter estrarre il carbonato di litio: l'oro bianco.

Si pensa che il terreno al di sotto delle saline della Bolivia contenga le maggiori riserve mondiali del metallo. (Le Ande boliviane possono contenere il 70% del litio del pianeta.) Molti analisti sostengono che estrarre il litio dalla salamoia sia più ecologico che dalla roccia.

Il processo è relativamente economico ed efficace, ma utilizza molta acqua; circa 2 milioni di litri per tonnellata di litio. Nel Salar de Atacama, in Cile, le attività estrattive consumano il 65 per cento dell'acqua della regione. Ciò sta avendo un grande impatto sugli agricoltori locali che coltivano quinoa e allevano mandrie di lama; in un'area in cui le comunità dovevano già far arrivare l'acqua da altrove.

C'è anche poi il potenziale inquinamento, come è successo in Tibet, dato dal rischio che le sostanze chimiche tossiche fuoriescano dai bacini di evaporazione e invadano la riserva idrica. Queste includono sostanze, tra cui l'acido cloridrico, che sono utilizzate nella lavorazione del litio in una forma che può essere venduta; così come i prodotti di scarto che vengono filtrati nelle fasi di lavorazione.

In Australia e Nord America, il litio viene estratto dalle rocce utilizzando metodi più tradizionali, ma richiede comunque l'uso di sostanze chimiche per estrarlo in forma utile. La ricerca in Nevada ha rilevato impatti sui pesci fino a 150 miglia a valle da un'operazione di trattamento del litio.

Secondo un rapporto di Friends of the Earth, l'estrazione del litio danneggia inevitabilmente il suolo e causa la contaminazione dell'aria. Nel Salar de Hombre Muerto, in Argentina, gli abitanti del luogo sostengono che le operazioni per il litio hanno contaminato i flussi utilizzati dall'uomo e dal bestiame e per l'irrigazione delle colture. In Cile ci sono stati scontri tra compagnie minerarie e comunità locali, che affermano che l'estrazione di litio sta lasciando il paesaggio devastato da montagne di sale scartato e canali riempiti con acqua contaminata con una tonalità blu innaturale.

Ma il litio potrebbe non essere l'ingrediente più problematico delle moderne batterie ricaricabili. È relativamente abbondante e in teoria potrebbe essere generato dall'acqua di mare in futuro; anche se attraverso un processo ad alta intensità energetica (con rilascio di CO2...).

Altri due ingredienti chiave, il cobalto e il nichel, rischiano, forse più del litio, di creare un collo di bottiglia nell'evoluzione verso veicoli elettrici e un costo ambientale potenzialmente enorme.

Il cobalto si trova in grandi quantità in tutta la Repubblica Democratica del Congo e nell'Africa Centrale, e difficilmente altrove. Il suo prezzo è quadruplicato negli ultimi due anni.

A differenza della maggior parte dei metalli, che non sono tossici quando vengono estratti dal terreno come minerali metallici, il cobalto è "eccezionalmente terribile".

Uno dei problemi del cobalto è che si trova, per lo più, nella sola area del globo sopra menzionata. Lì puoi letteralmente scavare la terra con le mani e trovare il cobalto; quindi c'è forte motivazione a cercarlo e venderlo; con il risultato che ci sono molte motivazioni per comportamenti non sicuri e non etici. Il Congo ospita "miniere artigianali", dove il cobalto viene estratto dal terreno proprio a mano, spesso usando lavoro minorile, senza equipaggiamento protettivo.

In un recente articolo sulla rivista Nature, alcuni esperti hanno sostenuto che è necessario sviluppare nuove tecnologie per le batterie che utilizzano materiali più comuni ed ecocompatibili per produrre batterie. I ricercatori stanno lavorando su nuove batterie chimiche che sostituiscono il cobalto e il litio con materiali più comuni e meno tossici.

Ma, se le nuove batterie, come pare, vengono ad essere meno energetiche e più costose del litio, potrebbero finire per avere un effetto negativo sull'ambiente in generale. Valutare e ridurre il costo ambientale è un problema più complesso di quanto non sembri inizialmente. Ad esempio, un dispositivo meno durevole, ma più sostenibile, potrebbe comportare un'impronta di carbonio più ampia a causa della necessità di più ampi fattori di progettazione, trasporto e l'imballaggio.

Riciclare il litio?

Presso l'Università di Birmingham, la ricerca finanziata dalla Faraday Challenge del governo inglese con 246 milioni di sterline per la ricerca sulle batterie, sta cercando di trovare nuovi modi per riciclare gli ioni di litio; ciò visto che una ricerca in Australia ha rilevato che solo il 2% delle 3.300 tonnellate di rifiuti di litio prodotti ad oggi sono state riciclate

Innanzitutto smantellarle: Un consorzio di ricercatori, guidato dal Birmingham Energy Institute, sta utilizzando la tecnologia robotica sviluppata per le centrali nucleari per trovare modi per rimuovere e smantellare in sicurezza le cellule potenzialmente esplosive agli ioni di litio dei veicoli elettrici. Infatti si sono verificati diversi incendi negli impianti di riciclaggio in cui le batterie agli ioni di litio sono state immagazzinate in modo improprio, in attesa di riciclo.

Poi capire se soro riutilizzabili: poiché i catodi di litio si degradano nel tempo, non possono essere semplicemente inseriti in nuove batterie (anche se alcuni sforzi sono in corso per utilizzare batterie vecchie per applicazioni di accumulo di energia in cui la densità di energia sia meno critica). Ma questo è il problema con il riciclo di qualsiasi tipo di batteria elettrochimica: non si sa a che punto sia nella sua vita.

Il vero problema è che non si sa bene di cosa siano fatte: La vera barriera è che i produttori si guardano bene dal rivelare ciò che effettivamente entra nelle loro batterie, il che rende più difficile riciclarle correttamente. Al momento le cellule recuperate vengono di solito triturate, creando una miscela di vari metalli che può essere separata usando tecniche pirometallurgiche: ossia usando combustione. Ma questo metodo spreca molto del litio; ed è pericoloso se non si conoscono bene tutti i componenti.

Ricercatori britannici stanno studiando tecniche alternative, tra cui il riciclaggio biologico in cui i batteri vengono utilizzati per elaborare i materiali; assieme a tecniche idrometallurgiche, che utilizzano soluzioni di sostanze chimiche in modo simile a come il litio viene estratto dalla salamoia illustrata sopra.

Si tratta in pratica di creare processi per accompagnare le batterie agli ioni di litio in modo sicuro durante tutto il loro ciclo di vita; assicurandoci di non estrarre litio dalla terra inutilmente, considerando che tutti i materiali di queste batterie hanno già provocato un impatto ambientale e sociale nella loro estrazione.

RIFERIMENTI

1. https://www.engineering.com/ElectronicsDesign/ElectronicsDesignArticles/ArticleID/17435/Will-Your-Electric-Car-Save-the-World-or-Wreck-It.aspx
2. https://www.bloomberg.com/news/articles/2018-10-16/the-dirt-on-clean-electric-cars
3. https://www.dw.com/cda/en/how-eco-friendly-are-electric-cars/a-19441437

3.LE AUTO ELETTRICHE METTERANNO IN GINOCCHIO LA RETE ELETTRICA?

Sappiamo che i motori elettrici sono più efficienti dei motori a combustibile fossile. Ma il grosso problema energetico, dal punto di vista della necessità di nuove centrali elettriche, non è il consumo medio o totale di energia, ma il carico di punta.

I tempi di ricarica, sempre più rapidi, per le auto elettriche, generano molto entusiasmo; ma ciò che sembra essere poco considerato è che possono portare a una quantità favolosa di domanda di picco di elettricità.

Se si carica un'automobile elettrica che ha una capacità della batteria di 25 kWh durante 8 ore, è sufficiente una potenza di 3 kW circa.. Se invece si carica la stessa batteria in soli 10 minuti, c'è bisogno di una potenza di 155 kW.

Quante centrali elettriche aggiuntive dobbiamo costruire se introduciamo auto elettriche su larga scala? Secondo i sostenitori della ecosostenibilità delle auto elettriche nessuna: i veicoli elettrici possono essere caricati di notte. Molte centrali elettriche hanno infatti un surplus di energia durante la notte perché la domanda è bassa. E' proprio vero?

Nel dicembre 2006, uno studio (1) presso il Laboratorio Nazionale del Nord-Ovest degli Stati Uniti affermò che la produzione di elettricità e la capacità di trasmissione fuori picco potevano alimentare l'84% dei 220 milioni di automobili del paese, se queste fossero state convertite in ibridi plug-in.

Poi un aggiustamento: nel giugno 2007, un altro studio del

governo degli Stati Uniti concluse che il 73% della flotta di veicoli leggeri statunitensi esistenti poteva essere alimentata con capacità elettrica disponibile fuori picco, se trasformata in ibridi plug-in .

Nel marzo 2008, però, uno studio dell'Oak Ridge National Laboratory affermò che, se il 25% della flotta statunitense fosse stata sostituita da ibridi plug-in (previsione per il 2030), sarebbe necessario costruire otto nuove grandi centrali elettriche, supponendo che tutte queste auto fossero messe in carica dopo le 22.

Sono tutti studi un po' datati; ma qualcosa non torna comunque, anche se la tecnologia, in 10 anni, ha fatto passi da gigante, e ciò che non torna è abbastanza matematico. Vediamo cosa:

Ibride plug-in contro auto full electric:

Innanzitutto, la prima difficoltà nel ragionamento è che questi studi parlano di ibridi plug-in, e non di auto elettriche (intendo "full-electric").

Gli ibridi plug-in hanno batterie più piccole rispetto alle auto completamente elettriche: la capacità della batteria va da 5 a 25 kWh, rispetto a 10-50 kWh per un'automobile completamente elettrica.

Ricarica di notte?

Le auto elettriche non hanno il backup di un motore a benzina e necessitano di un'infrastruttura di stazioni di rifornimento per le distanze più lunghe. Quindi, se facciamo i nostri calcoli di necessità di energia, basandoci solo sulla ricarica di notte, abbiamo sbagliato i nostri conti, perché questa ricarica può andare bene per le auto ibride; e non per le "full-electric".

Se consideriamo, poi, la "ricarica di notte", dobbiamo osservare che molte persone non hanno la possibilità di caricare i loro veicoli a casa; non tutti hanno un garage. Ciò significa che, se vogliamo dare la possibilità di ricarica notturna, dobbiamo prevedere di costruire un'infrastruttura capillare di punti di ricarica lungo i marciapiedi delle città.

Caricare, quindi, le auto elettriche di notte (con l'elettricità fuori picco) potrebbe limitare la necessità di nuove centrali elettriche, ma è tutt'altro che pratico.

In altre parole, è un'illusione pensare che tutte le auto elettriche saranno caricate di notte. Una quantità considerevole di loro forse, ma non tutte. E, non importa quanto sia piccola la quantità di auto che necessitano di ricarica durante il giorno, abbiamo comunque bisogno di un'infrastruttura complessa di punti di ricarica in tutte le città e paesi.

Lo studio dell'Oak Ridge National Laboratory ha anche calcolato cosa accadrebbe se tutti i veicoli plug-in venissero caricati alle 17:00 invece che dopo le 22:00. In questo scenario peggiore, gli Stati Uniti avrebbero bisogno di costruire 160 "grandi" centrali elettriche (e la relativa infrastruttura di distribuzione, ovviamente).

Nota: tutto questo studio di "ricarica di notte" riguarda, però, quasi solo, o soprattutto, ibridi plug-in, non le auto completamente elettriche, e riguarda comunque una penetrazione del solo 25 percento di auto ibride per il 2030, non del 100 percento.

Una conversione completa agli ibridi plug-in richiederebbe quindi 640 centrali elettriche di grandi dimensioni. I ricercatori non specificano ciò che considerano una "grande" centrale elettrica, ma deve essere di circa 1GW, che ci conduce alla necessità di un altro 640 GW di centrali elettriche. Questo è quasi un aumento del 65% della capacità di generazione elettrica degli Stati Uniti esistente . E ricordo: stiamo solo ancora parlando di ibridi plug-in e non di full-electric.

Quindi questo sarebbe lo scenario apparentemente peggiore preso in considerazione dai ricercatori: in cui tutti i conducenti inseriscono le loro auto ibride nello stesso momento e nel momento peggiore possibile della giornata. E poiché questo non accadrà mai; i ricercatori sono abbastanza confidenti.

Invece, non è lo scenario peggiore. C'è un altro scenario che è molto peggiore e non è stato considerato dai ricercatori: una flotta di auto completamente elettriche a ricarica rapida.

Parliamoci chiaro: un veicolo che richieda da 6 a 12 ore di ricarica per guidare solo 1 o 2 ore non attrarrà mai la maggior parte del pubblico. L'automobile rappresenta la libertà di movimento, quindi le auto elettriche non prenderanno mai veramente piede a meno che non abbiano un tempo di ricarica simile a quello di un'automobile a benzina.

I produttori di auto elettriche e di batterie lo sanno, ed è per questo che la maggior parte di loro sta spingendo per avere tempi di ricarica sempre più brevi. Ciò, combinato con un'infrastruttura capillare di punti di ricarica, supererebbe in gran parte il problema della limitata autonomia.

Diversi produttori e ricercatori hanno già annunciato tempi di ricarica di 30 minuti o meno, il che porterebbe il tempo di rifornimento elettrico abbastanza vicino a quello di un'automobile a benzina o gasolio.

I tempi di ricarica sempre più rapidi generano molto entusiasmo, ma ciò che sembra essere non considerato è che essi hanno un prezzo: si deve pompare più energia in un tempo più breve, il che porta a una quantità favolosa di potenza di picco necessaria.

E non puoi risolvere questo problema con batterie migliori, anzi, puoi solo peggiorare le cose

Se si carica un'auto elettrica con la capacità della batteria di 25 kWh nell'arco di 8 ore, essa ha bisogno di una potenza di 3,125 kW (3,1 kW x 8 ore = 25 kWh). Se si carica la stessa auto in soli 20 minuti, è necessaria una potenza di 75 kW (75 kW x 0,33 ore = 25 kWh).

Per semplificare, questo può corrispondere alla necessità di energia di 220 televisori al plasma da 340 watt ciascuno. Questa quantità di energia è richiesta per un periodo più breve, ma deve essere disponibile.

Se si riduce il tempo di ricarica a 10 minuti, l'energia richiesta sarà 155 kW (155 kW x 0,16 ore = 25 kWh). Ciò equivale a 450 televisori al plasma. Pertanto: più si riduce il tempo di ricarica, più sarà necessaria una più alta quantità di energia disponibile. Magari disponibile per meno tempo; ma deve essere disponibile.

E' chiaro, quindi, come i tempi di ricarica veloci, anche se sono utilizzati solo da un numero relativamente piccolo di conducenti, saranno possibili solo con un'estensione massiccia della capacità di generazione di elettricità. E questo per far fronte alle necessità di "picco".

Bisogna dimensionare, quindi, le centrali per le esigenze "di picco"

Facciamo l'esempio degli USA: ci sono 220 milioni di auto private. Se la flotta completa venisse commutata in full-electric e collegata allo stesso tempo, avrebbe bisogno di 34.000 GW; ossia 34 volte la capacità di generazione elettrica esistente negli Stati Uniti. Però, si dirà, non accadrà mai che tutte queste auto vengano collegate contemporaneamente.

Giusto, però, andiamo con ordine: la ricarica di soli 6.500 di questi veicoli (0,003%) simultaneamente in 10 minuti richiederebbe una produzione di energia paragonabile a quella di una grande centrale elettrica.

Se una su mille di queste auto (lo 0,1% dei 220.000 veicoli) viene caricata simultaneamente in 10 minuti, avranno bisogno di 34 GW. E una su 100 macchine caricate simultaneamente richiederà una produzione di energia totale di 340 GW.

Non ci sarà bisogno di centrali aggiuntive?

Ricordo, infatti, ce ne fosse bisogno, che il giusto calcolo della domanda di energia non è solamente il numero di autovetture che verranno caricate insieme in media durante il giorno, ma anche quante di esse verranno caricate insieme in qualsiasi momento possibile della giornata, del mese o dell'anno. Infatti, per dimensionare una centrale, non importa tanto, solo, la necessità media di energia che deve erogare; ma anche quella di picco. Altrimenti la centrale, di fronte ad una necessità di picco superiore, si blocca. Oppure taglia utenze, in genere senza preavviso (come succede talvolta d'estate per colpa dell'aria condizionata…).

Migliori batterie?

L'infrastruttura di ricarica (centrali e colonnine di ricarica), quindi, per essere efficiente, deve essere dimensionata per la massima richiesta possibile, (ad esempio quando tutti vogliono andare in auto in occasione di un grande evento sportivo; magari usando la stessa autostrada...).

Difficile aggirare questo problema. E non si può risolverlo con una tecnologia migliore delle batterie (2), anzi, puoi solo peggiorarla. Migliori batterie con capacità più elevate possono ridurre la quantità di arresti nei punti di ricarica, ma aumentano la quantità di potenza richiesta per una

Ma gli altri trasporti elettrici non hanno lo stesso problema? No: Il problema fondamentale è che le auto elettriche sono wireless (3). Treni, tram e filobus non hanno questi problemi, semplicemente perché non hanno bisogno di una batteria. Il loro consumo di energia è distribuito uniformemente sul loro tempo di funzionamento.

Scambiare le batterie?

C'è un modo (teorico) per aggirare il problema del chilometraggio delle auto elettriche e dei picchi energetici richiesti: fare batterie sostituibili con quelle caricate in precedenza. Un po' come si scambiavano i cavalli nelle stazioni di posta nel 1800, per avere cavalli freschi. Ciò significherebbe che le batterie potrebbero essere caricate di notte nelle stazioni di rifornimento, e quindi fornire energia istantanea durante il giorno; senza generare necessità energetiche di picco.

Ci sono però dei problemi in proposito:

In primo luogo, non stiamo parlando della batteria di un lap-top, portatile. I pacchi batteria delle auto elettriche possono pesare da 100 a 500 chilogrammi, il che significa che si creerebbe il bisogno di apparati elettromeccanici per estrarle e inserirle. Inoltre, al momento, le batterie non sono sempre posizionate in modo da poterle facilmente scambiare: in molte auto elettriche sono sotto il pavimento, per ottimizzare la distribuzione del peso e il centro di gravità.

In secondo luogo, tutte le batterie dovrebbero avere connettori standard, e il raggiungimento di tale standard è, al momento, non allo studio.

Come dicevo: alcuni degli studi citati sono datati; ma la "matematica" sembra questa.

Un possibile modo di ovviare al problema è di non fare affidamento sulle classiche centrali di energia per alimentare le colonnine di ricarica; ma di alimentarle ad energia fotovoltaica. Alcune di queste colonnine sono già in funzione così; ma mi pare che la tecnologia oggi disponibile in merito non sia il meglio per una ricarica rapida di molti veicoli "full-electric".

E per quanto riguarda l'Italia?

Per quanto riguarda il nostro paese non siamo messi bene. Per semplificare: abbiamo una cattiva notizia e una buona. La cattiva è che, non essendo autosufficienti come energia elettrica, se dovessimo necessitare di ulteriore elettricità per il fabbisogno autoveicolistico, dovremmo comprarla all'estero. E considerando che abbiamo già le bollette più care d'Europa, mi chiedo quanto felici saremmo di questi possibili, magari sostanziosi, rincari. La "buona" è che sposteremmo l'inquinamento da carburante all'estero; verso quelli che ci vendono elettricità. Come la Francia.

Ma forse, l'unica soluzione ecosostenibile per il trasporto futuro è lasciare l'auto del tutto e salire su un tram o su un treno; oppure su una bici. Magari elettrica.

E all'alba del 2021 si fanno comunque strada i motori all'idrogeno: ancora un lusso per pochi.

RIFERIMENTI

1. https://www.treehugger.com/cars/report-us-power-grid-can-fuel-180-million-electric-cars.html
2. https://www.greentechmedia.com/articles/read/electric-car-firms-push-alternative-to-project-better-places-idea-892#gs.12xzka
3. https://www.lowtechmagazine.com/2008/01/bumper-cars-o-1.html
4. https://www.zdnet.com/article/hybrid-cars-and-the-power-grid/

CAPITOLO IV

COME POLITICA E MEDIA INFLUENZANO SCIENZA E TECNOLOGIA

CI SI DOVREBBE MERAVIGLIARE QUANDO SI VEDONO UOMINI DI SCIENZA ESITARE A RICONOSCERE IL FATTO CHE LA SCIENZA SIA POLITICIZZATA. PERCHÉ NON DOVREBBE ESSERLO? FORSE PERCHÉ CONSIDERIAMO LA SCIENZA COME UNO STANDARD PER L'OGGETTIVITÀ E COME SINONIMO DI PAROLE COME "IMPARZIALE" E "RAZIONALE", SEPARANDO QUESTE PAROLE DALLA NOSTRA CAPRICCIOSITÀ UMANA?

È abbastanza naturale associare queste parole alla Scienza. In realtà, dopotutto, sarebbe difficile trovare un modo più obiettivo del metodo scientifico per scoprire la vera natura dell'universo. Ma c'è un'importante distinzione da fare tra Scienza e metodo scientifico. Usiamo il metodo scientifico per ridurre al minimo i pregiudizi e massimizzare l'obiettività. Questo è ciò che è razionale e imparziale. L'impresa scientifica, invece, non lo è, e non è altro che aggrapparsi a un mito fantasioso il ritenere che lo sia mai stato. La realtà è che impegnarsi nella ricerca scientifica è un'attività sociale e intrinsecamente politica. Finanziare la scienza non è una posizione predefinita quando si lavora per un paese; è una decisione che si prende come società. La scienza è stata collegata alla politica del bene comune da quando la prima persona ha pensato che fosse una buona idea fare ricerca; e poi ha convinto i suoi vicini a darle i soldi per farlo. La ricerca scientifica non avviene senza i soldi della società, e può quindi avvenire solo con la sua benedizione. In questo modo la scienza è un'istituzione politica de facto, governata dalla società e legata alla sua volontà politica. Diverso però è quando la Scienza, da Politica diventa Partitica. Quando le opinioni degli esperti si scontrano tra di loro non per la ricerca delle verità della Natura, ma per garantire solidità alle opinioni del proprio partito, e magari per conflitti di interessi.

I media, poi, influenzano la Scienza indirettamente (anzi, meglio, la "ricerca scientifica"): essi infatti recepiscono le informazioni di governo e le comunicano per formare l'opinione pubblica. Quest'ultima pilota, giustamente, l'agenda di governo, che comprende le attività scientifiche.

Nel seguito illustrerò questi concetti con panoramiche oggettive e con esempi.
□

1.CI SONO INCENDI DI DESTRA E INCENDI DI SINISTRA?

L'aumento degli incendi in Brasile ha scatenato, tra il 2019 e il 2020, una tempesta di indignazione internazionale. Celebrità, ambientalisti, media e leader politici hanno incolpato il presidente brasiliano, Jair Bolsonaro, di star distruggendo la più grande foresta pluviale del mondo, l'Amazzonia, che secondo loro, erroneamente (6) rappresenta i "polmoni del mondo".

Cantanti e attori tra cui Madonna e Jaden Smith hanno condiviso foto sui social media che sono state viste da decine di milioni di persone. "I polmoni della Terra sono in fiamme", ha detto l'attore Leonardo Di Caprio. "La foresta pluviale amazzonica produce oltre il 20% dell'ossigeno nel mondo", ha twittato la stella del calcio Cristiano Ronaldo. "La foresta pluviale amazzonica, " i polmoni del mondo" che producono il 20% dell'ossigeno del nostro pianeta, è in fiamme", ha twittato il presidente francese Emanuel Macron.

Eppure le foto non erano attuali e molte non erano nemmeno dell'Amazzonia. La foto che Ronaldo ha condiviso era stata scattata nel sud del Brasile, lontano dall'Amazzonia, nel 2013. La foto che Di Caprio e Macron hanno condiviso ha più di 20 anni. La foto condivisa da Madonna e Smith è di oltre 30 anni. Alcune celebrità hanno condiviso foto del Montana, dell'India e della Svezia.

A loro merito, la CNN e il New York Times hanno sfatato la veridicità delle foto e di altre informazioni sugli incendi. "La deforestazione non è né nuova né limitata a una nazione", ha spiegato la CNN. "Questi incendi non sono stati causati dai cambiamenti climatici", ha osservato poi il Times .

Ma entrambe le pubblicazioni hanno ripetuto l'affermazione che l'Amazzonia è il "polmone" del mondo. "Oggi l'Amazzonia rimane una fonte netta di ossigeno", ha detto la CNN . "L'Amazzonia è spesso definita come " i polmoni " della Terra, perché le sue vaste foreste rilasciano ossigeno e immagazzinano anidride carbonica, un gas che intrappola il calore che è una delle principali cause del riscaldamento globale", ha affermato il New York Times.

A proposito dei "polmoni" è stato però intervistato da Forbes uno dei maggiori esperti del mondo: Dan Nepstad, (1)(6) che ha seccamente risposto: "Sono fesserie". "Non c'è scienza dietro queste affermazioni. L'Amazzonia produce molto ossigeno, ma utilizza la stessa quantità di ossigeno attraverso la "respirazione" delle piante" . Nepstad è anche autore principale di un recente rapporto del gruppo intergovernativo sui cambiamenti climatici.

Che dire; venne chiesto a Nepstad, in un'intervista, dal New York Times: "Se si perde la foresta pluviale, essa non può essere facilmente ripristinata, l'area diventerà savana, che non immagazzina più carbonio, il che significherà una riduzione della "capacità polmonare del pianeta" ?

Alcune persone – spiega Nepstad - sventolano senza dubbio il mito dei "polmoni" come "pungolo" affinché si faccia qualcosa. Dove il tema è che c'è un aumento degli incendi in Brasile, e che qualcosa deve essere fatto al riguardo; e affermano che siamo in una situazione di eccezionale gravità. Ora: è forse giusto che si debba agire (ma come vedremo, lo stiamo già facendo), ma non è giusto affermare che siamo di fronte ad un evento eccezionale. E' diventato sicuramente un fatto mediatico; e alcuni lo stanno cavalcando per loro interesse politico.

Consideriamo, ad esempio, che per settimane la CNN ha mandato in onda un lungo servizio con un sottopancia: "Gli incendi bruciano a un ritmo record nella foresta amazzonica", mentre un importante giornalista del clima ha affermato : "Gli incendi attuali sono senza precedenti negli ultimi 20.000 anni". Guardate il grafico e rendetevi conto se queste affermazioni siano vere:

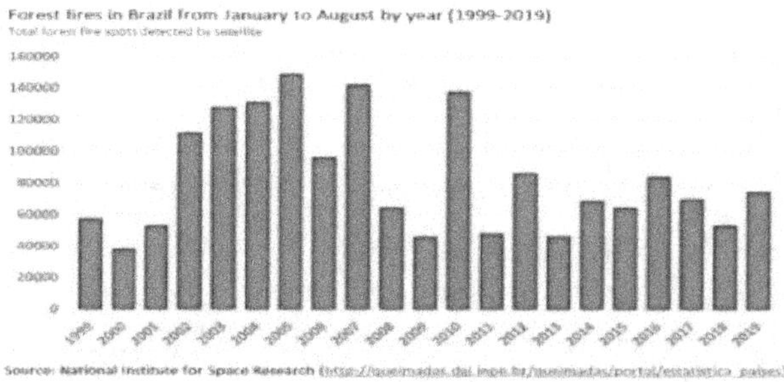

Come si vede queste sono molto probabili non-verità: mentre il numero di incendi nel 2019 è effettivamente superiore rispetto al 2018, è solo del 7% superiore alla media degli ultimi 10 anni, ha affermato sempre Nepstad (vedasi il grafico sopra).

Uno dei principali giornalisti ambientali del Brasile, Leonardo Coutinho, concorda sul fatto che la copertura mediatica degli incendi sia fuorviante dal punto di vista politico. "Infatti fu sotto il Presidente del Partito dei Lavoratori Lula e il Segretario dell'Ambiente Marina Silva (2003-2008) che il Brasile ebbe la più alta incidenza di incendi; ma né Lula né Marina sono furono accusati di mettere a rischio l'Amazzonia e il mondo intero; perché ?"

"Ciò che sta accadendo in Amazzonia non è eccezionale",

ha proseguito Coutinho. "Se dai un'occhiata alle ricerche web su Google che hanno cercato "Amazzonia" e "Amazon Forest" nel passato, l'opinione pubblica globale non era così interessata alla "tragedia amazzonica" quando la situazione era innegabilmente peggiore. Il momento presente non giustifica l'isteria globale".

"Ho visto la foto twittate da Macron e da Di Caprio", ha detto Nepstad, " sono menzogne; non si vedono foreste bruciare così in Amazzonia. Gli incendi boschivi dell'Amazzonia sono nascosti dalle chiome degli alberi e aumentano solo durante gli anni di siccità. Ho lavorato a studiare quegli incendi per 25 anni e le nostre reti sul campo monitorano questi fenomeni permanentemente."

Ciò che è aumentato del 7% nel 2019 sono i fuochi della macchia secca e degli alberi abbattuti per l'allevamento del bestiame; come strategia per acquisire la proprietà della terra. Pertanto contro un quadro dipinto dai media di una foresta amazzonica sull'orlo della scomparsa, rimane invece l'80% in piedi. La metà dell'Amazzonia è oggi protetta dalla deforestazione ai sensi di una legge federale.

E non si parla invece molto della lotta alla deforestazione che è oggi, con Bolsonaro, in atto.

"Pochi articoli nella ondata di copertura mediatica scatenata dal G7 hanno menzionato il sensibilissimo calo della deforestazione in Brasile dagli anni 2000", ha osservato l'ex reporter del New York Times Andrew Revkin, che ha scritto un libro del 1990, The Burning Season , sull'Amazzonia, e ora è il fondatore Direttore, Iniziativa per la comunicazione e la sostenibilità presso il The Earth Institute presso la Columbia University.

La deforestazione è diminuita del 70% dal 2004 al 2012 (3). Da allora è cresciuta modestamente e rimane a un quarto del suo picco del 2004. E comunque solo il 3% dell'Amazzonia è adatto per le culture di soia.

"Non mi piace la narrativa internazionale in questo momento perché è polarizzante, divisiva e ignorante di vari aspetti sociali": c'è ovviamente da avere un grande consenso contro il fuoco accidentale; ma ci sono anche gli interessi degli agricoltori e della popolazione locale, che non è certamente ricca, che debbono essere protetti. Immagina che ti venga detto che ai sensi del Codice Federale della Foresta, puoi usare solo metà della tua terra; saresti contento se la tua famiglia deve mangiare ?"

Nel contempo la pressione internazionale sta alimentando il risentimento tra le stesse persone in Brasile che gli ambientalisti dovrebbero ideologicamente "conquistare" per salvare l'Amazzonia. "Il tweet di Macron ha provocato molto sdegno ha dichiarato Nepstad. "I brasiliani ad esempio vorrebbero sapere perché la California ottiene una grande empatia per i suoi incendi boschivi, mentre il Brasile ha solo un dito puntato ". La gente ignora, ad esempio, che ci sono motivi legittimi per i piccoli agricoltori di usare fuochi controllati per respingere insetti e parassiti".

La reazione di media stranieri, celebrità e politici, verso il Brasile deriva da un romantico anticapitalismo comune tra le élite urbane, affermano Nepstad e Coutinho. "C'è molta ostilità verso l'agroindustria", afferma Nepstad. "Ho avuto colleghi che dicevano:" I fagioli di soia non sono cibo. Cosa mangia tuo figlio? Latte, pollo, uova? Sono tutte proteine provenienti dalla soia che alimenta il pollame".

Ma altri possono avere motivi politici. "Gli agricoltori brasiliani vorrebbero estendere l'accordo di libero scambio

UE-Mercosur, ma Macron è propenso a chiuderlo perché il settore agricolo francese non vuole che altri prodotti alimentari brasiliani entrino in Europa", ha spiegato Nepstad.

"L'agroindustria è il 25% del PIL brasiliano ed è l'industria che ha portato il paese fuori dalla recessione", continua Nepstad. "Quando l'agricoltura di soia entra in un paesaggio, tra l'altro, il numero di incendi diminuisce. Le piccole città ottengono denaro per le scuole, il PIL aumenta e le disuguaglianze diminuiscono. Questo non è un settore da battere, è uno con cui trovare un terreno comune".

Nepstad sostiene che sarebbe un gioco da ragazzi per i governi di tutto il mondo sostenere Aliança da Terra (4), una rete di rilevamento e prevenzione incendi che ha co-fondato, che comprende 600 volontari, principalmente indigeni e agricoltori. "Per 2 milioni di dollari all'anno potremmo controllare gli incendi dell'Amazzonia", ha detto Nepstad. "Abbiamo 600 persone che hanno ricevuto un addestramento di prim'ordine dai vigili del fuoco statunitensi, ma ora abbiamo bisogno di camion con l'attrezzatura giusta in modo da poter operare gli opportuni tagli di vegetazione per isolare il fuoco e per evitare ritorni di fiamma."

Importante: affinché tale pragmatismo si affermi, i media dovranno migliorare la loro copertura futura del problema. "Una delle grandi sfide che devono affrontare le redazioni riguardanti questioni emergenti e persistenti complicate come la deforestazione tropicale", ha dichiarato il giornalista Revkin, "è di trovare il modo di coinvolgere i lettori senza istrionismo e focalizzazione politica. L'alternativa è quello che vediamo sempre di più : schiocchi di frusta giornalistici come quello raccontato qui sopra, circa l'Amazzonia (5).

Detto ciò ci si potrebbe chiedere perché vip

dell'intrattenimento, media e politici siano caduti in questo passo falso.

Cerchiamo di capire: Madonna, Ronaldo, Del Piero, Di Caprio, Mannoia, ed altri, sono l'armata dal cuoricino verde; pronti a scendere in campo per difendere le foreste ed attaccare i cattivoni populisti, due cose che oggi fanno chic. Ci sono anche personaggi dimenticati, che rispuntano per l'occasione; come l'ex regina attivista anti-global Naomi Klein, che cerca un po' di visibilità non a caso; infatti ha lanciato un libro "il mondo in fiamme". La foga twittarola è talmente forte che neanche si accorgono di star lacrimando su foto di trent'anni fa; dignità bruciata? Che importa, l'importante è ottenere visibilità, vista la forte concorrenza nel mondo dell'intrattenimento. Quindi visibilità, ottenuta spesso a basso costo perché le loro elargizioni, quando ci sono, sono spesso deducibili dalle tasse.

Abbiamo forse quindi "incendi di destra" e "incendi di sinistra"?

No, la risposta è più semplice individuarla, affermano i politologi, in una manovra politica
del presidente Macron, che ha colto così la possibilità di prendere tre piccioni con una fava.

Il primo piccione è quello di cercare di bloccare le importazioni brasiliane verso UE, usando l'appoggio dell' "ignaro" G7; quelle importazioni che sfavoriscono soprattutto la Francia. "La nostra casa sta bruciando: incendi senza precedenti e incontrollati ". Ha detto Macron, provocando una accensione di animi alla riunione del Gruppo dei Sette in Francia; fuochi che hanno bruciacchiato, e lasciato in condizioni critiche, il trattato di libero commercio firmato, come si diceva, recentemente tra l'Unione Europea e il

Mercosur. Macron non ha parlato – ovviamente – del Giappone e della sua predatrice pesca alle balene, della Germania e della sua multinazionale Bayer, proprietaria della Monsanto (da molti accusata di crimini ecologici), e di tutti quei paesi promotori e somministratori di armi che alimentano conflitti come quello dello Yemen, spalleggiano dittature, e martirizzano tutta la regione del Medio Oriente.

In un discorso più mediatico che politico, al G7, Macron ha chiamato i cittadini a "rispondere all'appello degli oceani e della selva che sta bruciando", senza dimenticare che per la sua politica coloniale ancora vigente anche la Francia è un paese dell'Amazzonia (per via della Guyana Francese). "Non lanciamo un semplice richiamo, ma una mobilitazione di tutte le potenze riunite a Biarritz" ha detto.

Ma la cosa più importante è che, nell'immaginario collettivo internazionale, ha fatto fare ai paesi del Mercosur (Brasile, Argentina, Paraguay, Uruguay) la figura degli incompetenti sottosviluppati che hanno bisogno della tutela del mondo "civile" per sopravvivere, perché se si lasciano da soli distruggono il pianeta. Forse il presidente francese li vorrebbe commissariare.

Il secondo piccione è stato quello di mascherare il fallimento del G7 da lui organizzato. Non c'è stato accordo su niente: dazi, Cina, Brexit, Iran, Clima: niente. Il fallimento è stato così grave che hanno abolito il comunicato finale. L'opera di 13.000 agenti e 36 milioni di euro buttati al vento; tutto inutile. E cosa c'è di meglio per nascondere un insuccesso, di una bella indignazione contro un populista? E una bella campagna in difesa dell'Amazzonia.

Il terzo piccione di Macron è stato quello di distogliere l'attenzione dalle sue mancanze proprio sul fronte green.

Nelle ultime ore del G7, infatti, un folto gruppo di ecologisti francesi stava andando in giro per la Francia a staccare il ritratto del presidente dai municipi francesi. L'ultimo l'hanno tolto proprio a Barritz.

RIFERIMENTI

1. Dr. Nepstad, President and Founder of Earth Innovation Institute, has worked in the Brazilian Amazon for more than 30 years, publishing more than 160 papers and books on the ecological processes, frontier dynamics and public policies that are shaping the region. INTERVISTA FATTA DA FORBES: "I was curious to hear what one of the world's leading Amazon forest experts, Dan Nepstad, had to say about the "lungs" claim. "It's bullshit," he said. "There's no science behind that. The Amazon produces a lot of oxygen but it uses the same amount of oxygen through respiration so it's a wash." Plants use respiration to convert nutrients from the soil into energy. They use photosynthesis to convert light into chemical energy, which can later be used in respiration "https://earthinnovation.org/about/staff/daniel-nepstad/

2. https://twitter.com/lcoutinho?lang=en

3. https://science.sciencemag.org/content/344/6188/1118

4. https://aliancadaterra.org

5. https://dotearth.blogs.nytimes.com/2008/07/29/climate-research-media-focus-whiplash/ "Schiocco di frusta" è la traduzione letterale del termine giornalistico anglosassone "whiplash". Lo si può assimilare alla sferzata della frusta del cocchiere, in aria; che fa rumore, prende l'attenzione del cavallo, ma è innocua. In termini giornalistici è la capacità

dei media di gonfiare una notizia oltre la realtà, ai fini di destare attenzione. In tempi di forte declino dei media tradizionali questa terminologia è sicuramente bene intesa da tutti. Il fatto che sia un termine prettamente anglosassone dà il legittimo sospetto che, anche lì, la stampa,   in fondo in fondo, non sia molto obbiettiva.

6. https://www.theatlantic.com/science/archive/2019/08/amazon-fire-earth-has-plenty-oxygen/596923/

2.TECHLASH: I SOCIAL MEDIA SONO ORIENTATI A SINISTRA ?

Gli "Oxford Dictionaries" eleggono ogni anno un certo numero di "parole dell'anno"(1). Queste parole diventano, di fatto, neologismi della lingua inglese; ma, mentre per la nostra Accademia della Crusca alcune parole vengono accettate come neologismi "quando si diffondono ed entrano negli usi della lingua per un tempo significativo", per entrare nella lista dell'Oxford Dictionaries ci vuole qualcosa di diverso. La parola deve aver suscitato scalpore a seguito della sua pubblicazione. Il dizionario pubblica anche una motivazione della nomina delle varie parole individuate, ed elenca gli "inventori".

Avete mai sentito il termine "techlash"? C'è un motivo per cui questa parola è entrata nella shortlist della Parola dell'Anno di Oxford Dictionaries nel 2018.

La menzione si riferiva ad essa come a una "parola che definisce una forte e diffusa reazione negativa al crescente potere e influenza delle grandi aziende tecnologiche; in particolare quelle con sede nella Silicon Valley e in gran parte deve la sua popolarità ai recenti scandali sulla privacy dei dati e alla copertura mediatica che li circonda."

Ma le nuove parole, converrete con me, sono un segno dei tempi; e le preoccupazioni di coloro che criticano, nel merito, aziende come Facebook, Twitter e Google, derivano dalla crescente consapevolezza che l'effetto delle Big Tech sulla nostra vita potrebbe non essere così innocuo come pensavamo una volta. Gli americani sono consapevoli di ciò; e ne sono diventati maniacali.

Facebook, in particolare, il sito di social media che conta un quarto della popolazione mondiale come base di utenti, è stato accusato (5) di usare la manipolazione politica per indurre i suoi utenti a favorire un candidato politico piuttosto che un altro. In particolare di essere, negli USA, prevenuto contro i conservatori. Che Facebook manipolasse i nostri dati, in realtà, lo sapevamo già; ma che addirittura manipolasse le informazioni che ci raggiungono, con filtri e censure, potrebbe essere per molti una novità. In particolare potrebbe essere una novità pensare che i social media, o alcuni di essi sono chiaramente orientati a favorire partiti politici.

Vediamo qualche dettaglio.

Gli americani sono diventati talmente sensibili a questo fatto, che hanno iniziato a fare sondaggi per capirne di più. In un sondaggio denominato "American Barometer Hill.TV" (4) del luglio 2018, è stato rilevato che il 58% degli elettori ritiene che i social media, Facebook in particolare, siano ingiusti nei confronti dei conservatori.

Personaggi noti e attivisti politici repubblicani hanno, infatti, per mesi, accusato Facebook e le cosiddette "grandi aziende tecnologiche" per la tendenza a favorire i "liberal"; in effetti un certo numero di commentatori di alto profilo di destra sono stati banditi dai siti di social media. Nei confronti dei "liberal", invece, queste misure non sono state mai adottate; anche in presenza di post violenti ed altamente offensivi.

Gli alti dirigenti di queste aziende tecnologiche però hanno fortemente negato che esse discriminino deliberatamente i conservatori; ma privatamente molti di questi dirigenti hanno espresso preoccupazione per il fatto di dover ammettere che, nonostante gli sforzi per eliminare notizie false e messaggi diffamatori, i "social" danneggino quasi sempre le opinioni espresse da conservatori.

Come dicevo gli americani sono molto preoccupati di questo fatto e, in risposta a questa presunta censura di sinistra, diversi imprenditori hanno avviato alcuni social media definiti "politically unbiased". A questo link un esempio (2). Finora, tuttavia, non sono riusciti, come c'era da aspettarsi, a sviluppare un vasto pubblico.

Un altro sondaggio nazionale condotto negli USA, nel luglio 2019, dalla Echelon Insights (3) ha rilevato che la maggior parte degli americani ritiene che le principali aziende tecnologiche siano di parte.

Echelon Insights ha condotto questo sondaggio su oltre 1000 elettori casuali negli Stati Uniti per scoprire le loro opinioni su alcune questioni ritenute urgenti come la censura che si riscontra nei social media e la regolamentazione degli algoritmi degli stessi per evitarla.

Il sondaggio è stato effettuato anche in relazione alla proposta del senatore Josh Hawley di "regolare gli algoritmi dei social media per evitare i pregiudizi politici" ed è stata favorita dagli elettori sia repubblicani che democratici.

La domanda di base è stata: "Di recente si è discusso dell'idea che siti Web come Facebook, YouTube o Twitter siano politicamente di parte, e stiano sopprimendo le opinioni con cui non sono d'accordo. Consideri questo un problema? "

Anche qui il 59% degli elettori ha ritenuto che esista un

pregiudizio nei social media e che si tratti di un problema. Tra tutti i voti espressi, il 68% dei repubblicani, il 61% degli indipendenti e il 53% dei democratici ha ritenuto che il pregiudizio dei social media fosse un serio problema.

Una semplice panoramica delle risposte a domande circa la censura dei social media, ha poi rivelato che gli elettori che hanno condiviso contenuti politici sono stati quelli che hanno trovato la censura più sensibile rispetto ad altri che condividevano post di carattere generale.

Inutile dire che questi studi hanno rafforzato quindi l' idea dell'esistenza, sempre più crescente, di censura e parzialità da parte dei social media.

Esattamente come nei media tradizionali.

E in Italia?

Alcuni fatti, come la chiusura dei profili Facebook di Casa Pound, e la non-chiusura del profilo del caporedattore RAI Radio1, Fabrizio Salini, su cui pur l'azienda di Viale Mazzini ha avviato un procedimento a causa delle sue parole di odio politico (ADN Kronos), potrebbero farci pensare che anche in Italia si stia avviando un "ostracismo-social" contro la destra.

Non ho abbastanza elementi per giudicare. Faccio però un'osservazione: al paragrafo 3. evidenzio come anche in Italia, come negli USA, (e in Francia, e in UK) ci sia una certa tendenza dei media tradizionali a "tendere" verso sinistra. Ma dicevo anche che ormai ci siamo abituati e, magari, ci informiamo su altri media.

Il discorso dei social però è diverso:

Essi sono praticamente un monopolio e, se fossero veramente politicizzati, sarebbe un vero guaio per la democrazia.

Mentre i giornali (sicuramente quelli italiani) sono a carattere nazionale, i "social" sono internazionali, con una conduzione piuttosto verticistica, dagli USA. Quello che intendo dire è che, mentre i social media potrebbero prendere, negli USA, decisioni di censura verso le pubblicazioni di post locali (nell'ipotesi che ci sia veramente censura) a seguito di informazioni disponibili in-loco; quelle che volessero prendere in Italia, mi chiedo, con che mezzo le otterrebbero per farsi un'idea su cosa censurare ? Leggendo i nostri giornali ? O usando ingenuamente le chiavi di ricerca ? Siricorderà che il sig. Caio Giulio Cesare Mussolini, candidato di Fratelli d'Italia, ebbe il suo profilo temporaneamente oscurato (6).

RIFERIMENTI

1. https://languages.oup.com/word-of-the-year/shortlist-2018
2. https://www.idka.com/imagine-a-social-media-platform-with-no-political-bias/
3. https://reclaimthenet.org/social-media-bias-political-survey/
4. https://thehill.com/hilltv/what-americas-thinking/421238-poll-majority-of-americans-think-social-media-companies-are
5. https://time.com/5197255/facebook-cambridge-analytica-donald-trump-ads-data/
6. https://www.repubblica.it/politica/2019/04/08/news/caio_giulio_cesare_mussolini_fdi_facebook_oscura_profilo-223545022/

3. DISTURBI DEI MEDIA: LA PRESUNTA PROSSIMITÀ IDEOLOGICA DEI CITTADINI E DEI GIORNALITSTI

Luigi Curini, professore associato di Scienza politica all'Università Statale di Milano, e Sergio Splendore, ricercatore nello stesso ateneo, in uno studio dal titolo "The ideological proximity between citizens and journalists and its consequences"(8), hanno mostrato con i dati quanto sia profondo il solco ideologico tra media e persone comuni, tra i concetti veicolati dai giornalisti e le convinzioni delle persone, e quanto questo divario sia all'origine della sfiducia dei cittadini nei confronti della stampa. Detto in parole povere, in Italia i giornalisti sono troppo di sinistra ed è anche per questo che, secondo i sondaggi effettuati da Eurobarometro, la credibilità dei giornali italiani è più bassa della già bassa media europea.

I due politologi hanno messo in relazione i dati sulle preferenze ideologiche dei giornalisti, ricavati da una specifica ricerca demoscopica, con quelli dei cittadini ricavati dall'Eurobarometro, sfruttando il fatto che in entrambi i sondaggi viene posta la stessa domanda sulla collocazione ideologica lungo un asse che va da sinistra a destra. Il risultato è che "la distribuzione ideologica dei giornalisti italiani appare marcatamente posizionata più a sinistra rispetto a quella degli italiani", hanno scritto gli autori sul sito Lavoce.info.

La logica conseguenza è che, maggiore è la distanza politica tra cittadini e giornalisti, e maggiore è la sfiducia nei confronti della stampa. Inizierò col considerare la situazione negli USA.

La situazione negli USA è da manuale. Se chiedi a un giornalista americano se è schierato a destra ò sinistra probabilmente ti dirà che cerca di "stare nel mezzo". Che si sforza di essere "giusto", oppure "centrista".

Ma questo, alla luce di alcuni studi, sembra non essere vero. E il profondo pregiudizio ideologico verso sinistra dei Big Media degli USA è il motivo principale per cui, secondo alcuni, l'America ora sembra satura di "notizie false". Ma, peggio, sembra addirittura che i giornalisti, assillati dalla propria ideologia, non siano più in grado di riconoscere il proprio pregiudizio. Che però è riconosciuto dai lettori.

In questo scritto desidero sottolineare anche un fatto che, a mio parere, dovrebbe essere ancor più sorprendente: LA STAMPA FINANZIARIA (USA) E' DI SINISTRA. E dico che ritengo questo fatto ancor più sorprendente perché, nell'immaginario collettivo storico, la finanza andava a braccetto col capitalismo; e pertanto era sempre stata di destra. Fino a pochi anni fa i giornalisti finanziari mainstream avevano infatti la reputazione di essere i più inclini alla destra e orientati al libero mercato.

Se questo sia mai stato vero in passato, sicuramente non lo è oggi, come suggeriscono recenti studi.

I ricercatori della Arizona State University e della Texas A&M University, a fine 2018, hanno interrogato 462 giornalisti finanziari in tutto il paese; e hanno eseguito poi 18 interviste aggiuntive di approfondimento (1). I giornalisti intervistati lavorano per il Wall Street Journal, il New York Times, il Washington Post, l'Associated Press e numerosi altri giornali.

"CONSERVATORI" NEI MEDIA: IN VIA DI ESTINZIONE

I risultati sono che il 58,47% ammette di essere a sinistra (liberal); il 4,4% a destra (conservative); mentre un altro 37,12% afferma di essere "moderato".

E dov'è quindi finito il mitico giornalista finanziario "conservatore"? Solo lo 0,46% dei giornalisti finanziari si è definito "molto conservatore", mentre solo il 3,94% ha dichiarato di essere "piuttosto conservatore". Per un totale, appunto, del 4,4%. C'è quindi il rapporto di 13 "liberal" per ogni "conservatore".

Sotto un certo punto di vista questo è un fatto singolare e preoccupante. Infatti siamo abituati al fatto che la stampa ordinaria, tutta, sia polarizzata politicamente in un senso o nell'altro e ormai non ce ne preoccupiamo molto: molti sono in grado di discriminare usando una molteplicità di media, Internet compreso, e usando la propria testa. Ma quando si tratta di stampa finanziaria il discorso è diverso; perché tratta di economia e di investimenti, che sono temi altamente tecnici e non alla portata di tutti; anche delle persone più colte, che si affidano loro stesse, quasi sempre, a consulenti.

Questo è un enorme problema per i media - forse più grande di quanto se ne rendano conto. Un sondaggio di Rasmussen Reports alla fine di ottobre 2018 (2) ha rilevato che il 45% di tutti i probabili elettori alle elezioni di medio termine credeva "che quando la maggior parte dei giornalisti scrive di una "corsa" al Congresso, stanno cercando di aiutare il candidato democratico".

Solo l'11% ha affermato che i media avrebbero cercato di aiutare il repubblicano. E solo il 35% ha dichiarato di ritenere che i giornalisti semplicemente cerchino di riferire le notizie in modo imparziale.

Rasmussen osserva che questo "aiuta a spiegare perché gli elettori democratici siano molto più grandi fan della copertura mediatica delle notizie elettorali rispetto ad altri". La considerano infatti favorevole al loro successo.

MA GLI ELETTORI NON SONO STUPIDI

Ciò non impedirebbe però alle persone di vedere la realtà. Un sondaggio post-elettorale su 1.000 elettori di McLaughlin & Associates (3), infatti, ha rilevato che "una forte pluralità (48%) degli intervistati ritiene che la copertura mediatica sia stata ingiusta e distorta" contro il presidente Trump. Persino il 16% dei democratici era d'accordo con questa affermazione.

Si pensava, dicono gli americani, che era assodato ed accettato, da tempo, che giornalisti e scrittori di "area culturale" condividessero tutti una comune inclinazione intellettuale e quindi avessero maggiori probabilità di essere inclini a sinistra rispetto ad altri giornalisti. Ma questi recenti studi dimostrano che non è vero. La contaminazione del pregiudizio politico ora influenza tutto il giornalismo.

Ma l'orientamento dei media USA non sempre è stato così.

Non è stato sempre così. Uno studio a lungo termine sulle tendenze e gli atteggiamenti dei giornalisti, "The American Journalist in the Digital Age" (4), mostra che la tendenza al liberalismo è andata avanti per anni nel giornalismo. Nel 1971, i repubblicani costituivano il 25,7% di tutti i giornalisti. I democratici erano il 35,5% e gli indipendenti il 32,5%. Circa il 6,3% delle risposte era "altro".

Entro il 2014, l'anno dell'ultimo sondaggio, la percentuale di giornalisti che si identificava come repubblicano si era ridotta al 7,1%, con un calo di 18,6 punti percentuali. Dall'aumentare della parità con i giornalisti repubblicani negli anni '70, oggi i democratici superano i repubblicani di quattro a uno.

Nel frattempo la percentuale di giornalisti che si definiscono "indipendenti" è salita al 50,2%. Nel caso in cui, però, si pensi che il segmento crescente di Indipendenti si qualifichi come "il centro", bisogna forse ripensarci. Indagini ripetute mostrano che gli indipendenti sono generalmente orientati a centrosinistra nelle questioni sociali, ma centristi quando trattano di questioni fiscali e di governance aziendale. Quindi si dovrebbero forse caratterizzare come di "sinistra moderata".

Il lettore se ne sta andando via?

Sembra che ci siano cattive notizie per i giornalisti in generale e cattive notizie per il giornalismo USA in particolare. Perché, mentre gli americani continuano il loro percorso di crescente sfiducia nei media tradizionali, iniziano a cercare alternative. Troveranno forse nuove e più affidabili fonti di notizie? Forse; non lo sappiamo ancora. Ma è tempo che il mainstream giornalistico affronti questo problema. La negazione compiaciuta non è più un'opzione.

E l'Italia?

Ho desiderato, in questo scritto, parlare degli USA perché ivi il numero dei media è molto elevato, e ragionare sui grandi numeri può aiutare a decodificare certi aspetti dei media italiani. Non approfondirò molto, quindi, qui, il tema italiano, lasciando al lettore alcuni link (5)(6) e anche il (7), dove vengono sottolineati alcuni aspetti culturali dei lettori e di declino della stampa in Italia.

Mi piace però ragionare un attimo sull'eventuale orientamento politico della stampa finanziaria italiana. Sappiamo tutti dei bombardamenti giornalieri che hanno coinvolto, nei mesi e negli anni passati, il discorso sul deficit italiano, sullo spread, sulle procedure di infrazione, eccetera. E sappiamo anche che il mondo finanziario (quello degli investimenti istituzionali) non viaggia solo sui fondamentali economici, ma molto sul "sentiment" influenzato anche dai media. Ebbene, per ben due volte, nella storia recente, con la bolla internet e con la crisi dei subprime, il "sentiment" finanziario (non basato su fondamentali) ha causato disastri economici; innescando una grande recessione (da molti considerata la peggior crisi economica dai tempi della grande depressione). E i media finanziari hanno ovviamente una grossa responsabilità della generazione di questo "sentiment"; ad esempio con le loro previsioni. Se i "sentiment finanziari" fossero pilotati da ideologie politiche (o meglio: "partitiche") potrebbero alterare non solo il corso dell'economia, ma, assieme ad esso, anche la nostra vita sociale.

In sintesi, per l'Italia, le deduzioni tratte dai ricercatori che cito all'inizio del paragrafo sono (9) che "la distribuzione ideologica dei giornalisti italiani appare marcatamente posizionata più a sinistra rispetto a quella degli italiani".

La logica conseguenza è che, maggiore è la distanza politica tra cittadini e giornalisti e maggiore è la sfiducia nei confronti della stampa e ciò vuol dire che chi legge i giornali ha una posizione ideologica più simile a quella dei giornalisti, "il che potrebbe condurre a un circolo che si auto-riproduce e si auto-rinforza: ovvero lo iato ideologico con gli italiani non risulta alla fin fine davvero rilevante per il mondo editoriale, perché dopotutto chi legge i giornali ha la stessa visione del mondo che ha chi ci scrive, e così via". Salvo svegliarsi un giorno meravigliati e sorpresi del fatto che gli elettori fanno il contrario di ciò che scrivono i giornalisti; e che comunque i lettori sono la metà di quelli che potrebbero essere. Tra l'altro il dato italiano è ancora più paradossale perché i giornalisti non sono solo ideologicamente schierati più a sinistra della popolazione in generale, ma sono molto più a sinistra anche rispetto ai propri lettori.

RIFERIMENTI

1. https://www.dailywire.com/news/38302/462-financial-journalists-were-asked-their-ashe-schow
2. http://www.rasmussenreports.com/public_content/politics/general_politics/october_2018/voters_think_reporters_trying_to_help_democrats_in_midterm_elections
3. https://mclaughlinonline.com/2019/08/13/newsmax-article-majority-says-trump-still-needed-to-bring-change-but-media-bias-persists/
4. http://archive.news.indiana.edu/releases/iu/2014/05/2013-american-journalist-key-findings.pdf
5. https://www.ilfoglio.it/cultura/2016/11/09/news/la-stampa-e-molto-piu-a-sinistra-dei-cittadini-in-usa-come-in-italia-106462/
6. https://books.google.it/books?id=ay_OYSC1X2EC&pg=PA234&lpg=PA234&dq=%E2%80%9CThe+ideological+proximity+between+citizens+and+journalists+and+its+consequences%E2%80%9D&source=bl&ots=YeZa7psbxC&sig=ACfU3U0aFHqKLUrxDGM9fmpRModKwWbr-A&hl=it&sa=X&ved=2ahUKEwjW_ZHnrMPkAhUNGuwKHSTVB6cQ6AEwAnoECAgQAQ#v=onepa

ge&q=%E2%80%9CThe%20ideological%20proximity
%20between%20citizens%20and%20journalists%20an
d%20its%20consequences%E2%80%9D&f=false
7. http://www.atlanticoquotidiano.it/quotidiano/crisi-
credibilita-stampa-mainstream-categorie-ideologiche-
giornalista-collettivo/
8. https://www.researchgate.net/publication/283098790
_Why_Policy_Representation_Matters_The_conseque
nces_of_ideological_proximity_between_citizens_and
_their_governments
9. http://www.simofin.com/simofin/index.php/cultura/
11787-smpa-universita-sinistra

4.I DOCENTI UNIVERSITARI SONO QUASI TUTTI DI SINISTRA?

I docenti, come tutti i cittadini, hanno diritto di avere opinioni politiche; il problema, però, negli USA (e in altri paesi), pare nascere quando queste opinioni vengono "spinte" verso gli studenti. Ma soprattutto se queste opinioni tendono tutte, o per la maggior parte, verso un solo partito. In parole povere: la scarsità di docenti con opinioni repubblicane, in molte scuole superiori USA, fa male a tutti, secondo gli americani.

Supponi di iniziare l'università, negli USA, con un vivo interesse per la fisica e di scoprire rapidamente che quasi tutti i docenti del dipartimento sono di sinistra; ad esempio democratici. Pensi che qualcosa non vada?

E supponi anche, che prima di scegliere fisica, tu ti sia informato sui docenti di musica, chimica, informatica, antropologia o sociologia delle varie università, e abbia riscontrato lo stesso fenomeno. Saresti sorpreso ?

Ecco, negli USA accade proprio questo; ma, mentre in altre nazioni che riscontrano lo stesso fenomeno, ci se ne cura poco; negli ultimi anni, invece è cresciuta la preoccupazione degli americani: essi vedono in questo atteggiamento educativo un pericoloso generatore di pregiudizio politico, e quindi sociale. E il rischio di non-progresso.

Nell'estate 2018, Mitchell Langbert, professore associato al Brooklyn College, ha pubblicato uno studio (1) sulle affiliazioni politiche dei membri delle varie facoltà in 51 delle

66 scuole classificate come quelle "più alte" da US News nel 2017. I risultati sono sbalorditivi. (anche se non generano grande sorpresa per molte persone nel mondo accademico USA e non-USA).

I democratici dominano la maggior parte dei campi. In religione, l'indagine di Langbert ha rilevato che il rapporto Democratici / Repubblicani è 70 a 1. In musica, è 33 a 1. In biologia, è 21 a 1. In filosofia, storia e psicologia, è 17 a 1. In scienze politiche, sono 8 a 1.

Il divario si riduce nelle scienze e nell'ingegneria. In fisica, economia e matematica, il rapporto è di circa 6 a 1. In chimica, è di 5 a 1, e in ingegneria è solo di 1,6 a 1. Tuttavia, Lambert non ha trovato campo in cui i repubblicani siano più numerosi dei democratici.

I rapporti variano notevolmente tra i college. Le facoltà di Wellesley, Williams e Swarthmore sono in gran parte democratiche, con rapporti pari o superiori a 120 a 1. Ad Harvey Mudd e Lafayette, i rapporti sono da 6 a 1. Alla US Naval Academy di Annapolis, sono 2,3 a 1; è solo 1,3 a 1 a West Point.

Ma nonostante la variabilità, nessuna delle 51 università aveva più repubblicani che democratici. Secondo il sondaggio, oltre un terzo di loro non aveva affatto repubblicani.

Questi numeri, e altri similari, sono preoccupanti per gli americani per due ragioni:

La prima è che questi dati possono implicare una potenziale discriminazione da parte dei vertici delle istituzioni educative. Alcuni dipartimenti potrebbero, infatti, non essere inclini ad assumere potenziali membri della facoltà a causa delle loro convinzioni politiche (e come sappiamo non è legale discriminare le assunzioni su base politica).

Tale discriminazione potrebbe assumere la forma di svalutazione, conscia o inconscia, di persone le cui opinioni non si adattano alla prospettiva dominante. Ad esempio, un giovane studioso di storia, che dipingesse il New Deal di Franklin Roosevelt sotto una brutta luce potrebbe non ricevere offerte di lavoro in facoltà. E le persone di talento potrebbero quindi non perseguire affatto carriere accademiche, perché si aspettano che i loro professori non apprezzino il loro lavoro.

Il secondo motivo è che gli studenti hanno meno probabilità di ottenere una buona istruzione perché imparano meno l'uno dall'altro, se c'è un'ortodossia politica prevalente. Studenti e docenti potrebbero finire in una specie di bozzolo informativo. Se un dipartimento di scienze politiche è composto da 24 democratici e 2 repubblicani, c'è motivo di dubitare che gli studenti saranno esposti a una gamma adeguata di opinioni.

È vero che in alcuni settori le affiliazioni o orientamenti politici pare contino meno. In chimica, matematica, fisica e ingegneria, gli studenti si ritiene che non debbano preoccuparsi delle affiliazioni di partito dei loro professori. Certo, è ipotizzabile che i professori di chimica democratici vogliano assumere colleghi democratici. Ma sarebbe un po' sorprendente: con ogni probabilità cercano buoni professori che sappiano insegnare bene la chimica. In altre parole: in campi di questo tipo, appare che non vi sia motivo di preoccuparsi che l'omogeneità politica possa dissuadere gli studenti o compromettere lo scambio di idee. Se gli studenti stanno imparando la relatività ristretta o la fisica nucleare, le affiliazioni politiche non appaiono essere rilevanti.

I veri problemi sorgono quindi in materie "culturali", come storia, scienze politiche, legge, filosofia e psicologia, dove la prospettiva politica del professore potrebbe fare la differenza. E se la presenza di accademici è distorta lungo linee ideologiche unitarie, c'è il pericolo che possano trasmettere tale distorsione (se distorsione c'è) ai loro discepoli. Il convincimento di questi docenti, potrebbe essere che coloro che hanno idee politiche conservatrici non sono destinati a servire bene nessuno.

I dati evidenziati rendono, quindi, inconfondibilmente chiari due punti che, a parere del ricercatore, dovrebbero essere perseguiti.

In primo luogo, coloro che insegnano nei dipartimenti privi di diversità ideologica dovrebbero avere comunque l'obbligo di offrire opinioni contrastanti alle loro, e di presentarle in modo equo e rispettoso. Un filosofo politico, ad esempio, che tende a sinistra, dovrebbe essere disposto e in grado di chiedere agli studenti di pensare alla forza dell'argomento dei mercati liberi, anche se questi producono molta disuguaglianza.

In secondo luogo, coloro che gestiscono dipartimenti privi di diversità ideologica hanno l'obbligo di trovare persone che rappresentino punti di vista in competizione: oratori in visita, professori in visita e nuovi assunti. Studenti e insegnanti non dovrebbero vivere in "bozzoli informativi" (sic!).

John Stuart Mill (3) ha affermato: "È impossibile sopravvalutare il valore di mettere in contatto gli esseri umani con persone dissimili da loro e con modalità di pensiero e di azione diverse da quelle con cui hanno familiarità. Tale comunicazione è sempre stata, ed è, particolarmente nell'era attuale, una delle principali fonti di progresso. "

E IN ITALIA ?

Se si naviga in rete ci accorgiamo che il problema c'è anche da noi: si va dal professore di Verona che dice allo studente di destra, minacciando: "ci rivedremo all'esame…"; a quello di Fiorenzuola che dice le stesse cose, ma dallo schieramento opposto; alle denunce di discriminazioni nell'assunzione di docenti; ai vari tentativi di capire "perché gli insegnanti sono tutti di sinistra"; e così via. Ma non c'è alcun tentativo, mi pare, di evidenziare dati, problematiche e soluzioni.

C'è però un articolo di Repubblica.it (2) del 2010, dal titolo accattivante: "Perché la maggioranza dei docenti universitari (e dei giornalisti) è di sinistra". Il lettore ingenuo può pensare che si parli dell'Italia; ma non parla dell'Italia: parla solo degli USA, citando un altro studio statistico; ma riferendo una interessante osservazione secondo cui ci si dovrebbe chiedere "perché quelli di sinistra vogliono tutti fare gli insegnanti".
La risposta al quesito è sconcertante: "*tutto dipende dal typecasting, ovvero dall'idea che si forma nella nostra mente, sulla base delle convenzioni e degli stereotipi sociali, di chi fa una certa professione. L'immagine di un docente universitario, specie in campo umanistico, richiama alla mente quanto segue: giacca di tweed, pipa, occhiali, erudizione, secolarismo e idee politiche progressiste, ossia liberal, come si dice in America. E questa immagine influenza i giovani al momento di scegliere che carriera fare*".

Pochi mesi fa Curini ha pubblicato una ricerca simile sulle idee politiche dei docenti universitari, dal titolo "Experts' political preferences and their impact on ideological bias". Anche in quel caso i dati dicevano che la stragrande maggioranza degli studiosi intervistati è di sinistra.

E se questa è una caratteristica comune nelle democrazie occidentali, cioè che l'élite accademica tenda ad essere progressista, la peculiarità dei professori italiani, secondo il ricercatore, è che nel mondo sono quelli più a sinistra di tutti.

RIFERIMENTI

1. https://www.nas.org/academic-questions/31/2/homogenous_the_political_affiliations_of_elite_liberal_arts_college_faculty
2. http://franceschini.blogautore.repubblica.it/2010/03/07/perche-la-maggioranza-dei-docenti-universitari-e-dei-giornalisti-sono-di-sinistra/
3. The English philosopher and economist John Stuart Mill (1806-1873) was the most influential British thinker of the 19th century. He is known for his writings on logic and scientific methodology and his voluminous essays on social and political life.

CAPITOLO V

LA POLITICA CONTINUERA' A INFLUENZARE LA SCIENZA E LA TECNOLOGIA?

MOLTE DELLE QUESTIONI SCIENTIFICHE PIÙ IMPORTANTI SONO POLITICHE. GLI STESSI SCIENZIATI RITENGONO CHE LA "CONSULENZA SCIENTIFICA" DOVREBBE ESSERE LA CHIAVE PER UNA BUONA POLITICA PUBBLICA. SPERANO INFATTI CHE I RISULTATI DELLE LORO RICERCHE CONVINCANO COLORO I QUALI SONO RESPONSABILI DELLE DECISIONI.

Da tener presente che un sistema democratico crea una moltitudine di fonti di influenza e di informazione politica. La consulenza scientifica è solo una parte dell'agenda politica. Ad esempio, il dibattito sulla ricerca sulle cellule staminali coinvolge considerazioni etiche oltre che scientifiche, secondo molti. Parlamento e Governo, inoltre, lavorano in ruoli diversi da quello scientifico e non possono confondersi. L'attenzione, però, devge essere posta nel pretendere che i dibattiti tra Scienza e Politica siano tenuti per il bene del paese e dei cittadini e non rivestano fini "partitici".

Come vedremo nel prossimo capitolo, il futuro sarà sempre più complesso, sia per la Scienza, che per la Politica. Ci sono infatti altri dibattiti all'orizzonte che potrebbero segnare i prossimi 20 anni di relazione scienza-politica, poiché le scoperte scientifiche forniscono progressi nella nanotecnologia, nella genetica, nei sensori, nell'Intelligenza Artificiale, nei Big Data , nella robotica, nella sorveglianza e in altre aree della vita che solleveranno implicazioni sociali ed etiche e, di conseguenza, questioni politiche.

I responsabili politici continueranno quindi a risolvere le rivendicazioni e le esigenze politiche concorrenti oltre a dibattere sulle prove scientifiche per fare e attuare la politica pubblica. E dovranno farlo ascoltando tutte le opinioni scientifiche, non solo quelle sponsorizzate per questioni ideologiche.

Il possibile dilemma è se sia inevitabile che l'intrusione politica possa crescere e disturbare la scienza. La risposta è che "è inevitabile"; e non solo per il semplice fatto che la disponibilità di risorse per la ricerca sia fondamentale per la Scienza; ma perché la Scienza sarà sempre più complessa e perché sempre più complesse saranno le nostre regole sociali. La nostra Cultura si deve evolvere di conseguenza; la legge dell'Entropia può aiutarci forse a capire le sempre maggiori confusioni che si genereranno.

1.RIPENSARE IL RAPPORTO TRA POLITICA E SCIENZA E TRA CULTURA E TECNOLOGIA

L'epoca che viviamo non è la prima, nella storia del mondo, in cui ci sono grandi gruppi di persone che attaccano i singoli scienziati a causa delle loro opinioni scientifiche.

Il coinvolgimento degli scienziati in questioni così cariche di dibattiti, a volte, ha portato a un migliore processo decisionale; ma oggi potrebbe anche essere costato agli scienziati parte del sostegno bipartisan di cui godevano.

Pur riconoscendo che pochi responsabili politici hanno una profonda esperienza scientifica, non è necessario essere uno scienziato professionista per comprendere i rudimenti della scienza. E quindi, anche per questo motivo, è accettabile (anzi, auspicabile) che i politici si coinvolgano in temi scientifici; con il sussidio di coloro che di scienza ne capiscono di più.

L'obbiettivo dei politici dovrebbe essere infatti anche quello di equipaggiare e responsabilizzare i non scienziati per affrontare le questioni scientifiche; per comprendere i vantaggi di questo modo di pensare empirico, e per sviluppare un rispetto per le prove e la capacità di gestire le prove da soli.

Il dibattito scienza-politica è oggi cambiato poiché i responsabili politici sono diventati meno isolati dall'opinione pubblica. La scienza è un modo di vedere che ci fornisce fatti. Quello che facciamo con questi fatti è però profondamente politico. Determinare se l'inquinamento danneggia le persone è una questione di indagine scientifica, ma decidere cosa fare in risposta a quei dati è politica. Chi usa l'acqua e la terra e come? Queste non sono domande scientifiche, sono questioni politiche. Diamo valore alla sicurezza dei nostri cittadini o ai profitti delle nostre società? Qual è l'equilibrio tra queste due cose? Anche queste sono questioni politiche.

COME SI PUÒ CONCILIARLE? PROBABILMNTE RIVEDENDO IL RAPPORTO TRA CULTURA E TECNOLOGIA.

IL PROGRESSO TECNICO E' PROGRESSO UMANO?

Il paradigma oggi prevalente sembra riguardare il progresso tecnico, non il progresso umano; e i due non sono necessariamente sinonimi.

Tutti i tipi di *gadget* a nostra disposizione vengono inventati e utilizzati per soddisfare esigenze individuali. Ma l'assunto di base è errato: ci avviciniamo a presumere, spesso ed erroneamente, che una visione del mondo tecnologicamente fluente, possa spiegare tutte le distinte sfumature culturali e individuali; e rappresentarle in modo accurato e significativo; forse persino sostituirle.

Affinché la tecnologia funga da utile supporto alle interazioni umane, all'espressione artistica e all'arricchimento culturale, dobbiamo forse tornare al tavolo da disegno: ripensare e progettare strumenti innovativi; ma secondo principi sociali. Infatti, la mia impressione è che, invece di esigere che le nostre menti creative producano tecnologia incentrata sull'uomo, abbiamo accettato di diventare umani incentrati sulla tecnologia.

È giunto forse il momento per menti politiche coraggiose e liberi pensatori, di studiare, interrogare, sfidare e ridefinire rigorosamente i progressi in termini più sociali e culturali. Il futuro della civiltà dipende anche da questo; e sarà sempre più complesso.

RIFERIMENTI

1. https://www.pinterest.it/muhammadannan/calligraphy-nastaliq/
2. https://www.theglobeandmail.com/life/humanity-takes-millions-of-photos-every-day-why-are-most-so-forgettable/article12754086/
3. https://harvardmagazine.com/2013/11/the-power-of-patience#article-images
4. https://www.theglobeandmail.com/authors/ian-brown/